BRANDENBURG
DER WESTEN BAND 3

Der Fläming und das Baruther Urstromtal

PRO LINE CONCEPT-Verlag

Inhalt

Liebe Leserin, lieber Leser,

in diesem Band unserer regionalen Reiseführer über die Mark Brandenburg wollen wir Sie in den malerischen Fläming entführen, dessen flacher Höhenrücken sich etwa vom sachsen-anhaltinischen Möckern in südöstlicher Richtung bis vor die Tore Luckaus in der Niederlausitz zieht. Gut hundert Kilometer trennen sein westliches vom östlichen Ende, die Breite schwankt etwa zwischen 20 und 30 Kilometer. Dabei trennen wir zwischen Hohem und Niederem Fläming. Weniger Bedeutung für die gegenseitige Abgrenzung dieser beiden Teile kommt dabei dem Höhenmesser als vielmehr der Vegetation und der Landschaft zu. Der Hohe Fläming rund um die Hauptorte Belzig und Wiesenburg besitzt ausgedehnte Wälder, vornehmlich mit Buchen, Kiefern und Fichten. Es ist hügelig, bei Raben und Groß Briesen geradezu mittelgebirgig rau. Im Niederen Fläming rund um Jüterbog geben dagegen der Feldbau, die Wiesen- und Weidewirtschaft den Ton an – die Szenerie ist ruhiger, besticht durch eine geradezu grenzenlose Weite.

Am Briesener Bach

Eingerahmt wird der Fläming durch Elbe und Schwarze Elster im Süden und das tischbrettebene Baruther Urstromtal im Norden, dem wir auch einige Seiten widmen wollen. So wasserreich diese vorgelagerten Gebiete auch sind, der Fläming selbst ist verhältnismäßig trocken. Lediglich einige kleine Flüsse entspringen hier und schlängeln sich glasklar und sauber munter durch die Landschaft. Plane, Nieplitz, Nuthe und Dahme sorgen für die Entwässerung zu Havel und Spree nach Norden; Ihle, Ehle, eine weitere Nuthe, Rossel, Zahna und Schweinitzer Fließ münden nach nur kurzem Lauf in Elbe oder Elster. Dass der Fläming, anders als der Norden und Osten Brandenburgs, so trocken ist, beruht auf seiner Entstehungsgeschichte, die eng mit der vorletzten Eiszeit verbunden ist – nicht also mit der letzten Kaltzeit vor über 10.000, sondern mit der Saale-Vereisung vor über 200.000 Jahren. Geologisch betrachtet besteht der Fläming größtenteils aus Geschieben und Sedimenten, also Kiesen, Geröllen und Sanden, die vom Eis als Moränen hier abgelagert worden sind.

Eine Besonderheit sind die Rummeln, flache Trockentäler mit steilen, sechs bis dreizehn Meter hohen Kanten. Ausgehend von eiszeitlich gewässerlosen flachen Rinnen, sind sie vor allem die Folge menschlichen Wirkens. Nachdem die Bewohner im Mittelalter begonnen hatten, die Wälder zu roden, konnte der Regen seine erodierende Wirkung entfalten. Weil das Wurzelwerk der Bäume nun fehlte, war der Boden schutzlos heftigen Niederschlägen ausgesetzt, sodass im Laufe der Zeit bis zu mehrere Kilometer lange Kerbtäler – die Rummeln – entstanden.

Der Mensch hat in vielfältiger Weise den Fläming verändert, wenngleich die Gegend wegen Ihrer Wasserarmut immer nur dünn besiedelt gewesen ist – bis zum Beginn der mittelalterlichen deutschen Ostkolonisation von Slawen, dann von Flamen und Deutschen, unter deren Siedlungsdruck sich die Slawen kulturell anpassten. Die wenigen Bäche machten sich die Neuankömmlinge durch Wassermühlen nutzbar. Noch heute ist die Forellenzucht dank der sauberen Gewässer ein seltener aber typischer Erwerbszweig in der Region.
Einzigartig für Brandenburg ist das gehäufte Auftreten von Burgen im Hohen Fläming – zum einen begünstigt durch die geografischen Gegebenheiten, zum anderen wegen der politischen Umstände, denn der größte Teil des Flämings befand sich lange Zeit unter magdeburgischer oder sächsischer Herrschaft. Erst mit dem Sieg Preußens über Napoleon und das mit ihm verbündete Sachsen gelangte der Landstrich unter die Hoheit Berlins. Zuvor tränkten 1813 drei verlustreiche Schlachten den Fläming mit Blut. Möckern, Hagelberg, Dennewitz und deren Umgebung erinnern noch immer mit zahlreichen Denkmälern an jene Zeit. Eine andere Epoche bringt sich ebenfalls Stein für Stein in Erinnerung – das Mittelalter. Nur selten finden sich in Brandenburg so viele gut erhaltene mittelalterliche Feldsteinkirchen, und Jüterbog zählt neben Wittstock, Gransee, Prenzlau und Templin zu den fünf märkischen Städten mit beeindruckender mittelalterlicher Wehrbefestigung. Vor allem im Niederen Fläming finden wir noch heute eine ganze Reihe gut erhaltener Windmühlen, Überbleibsel aus einer Zeit, als Elektrizität so unbekannt war, wie moderne Windkraftwerke, die inzwischen an manchen Stellen umweltfreundlich Strom erzeugen.
Der Fläming bietet dem Besucher in seiner kultur- und naturgeografischen Vielfalt einen besonderen Erholungswert. Noch in jüngerer Zeit wurden hier zwei Großschutzgebiete ins Leben gerufen, die den schützenswerten Charakter dieser an Flora und Fauna so artenreichen Landschaft herausstreichen: die Naturparke Hoher Fläming und Nuthe-Nieplitz.
Wandern und Rad fahren – sicher die besten Fortbewegungsarten, um sich den Reizen des Flämings zu nähern und dieses malerische Land auf sich wirken zu lassen. Durch die unzähligen beschilderten Wege wird einem das Erkunden wirklich leicht gemacht.

In Jüterbog

Erleben Sie mit uns die Schönheiten des Flämings.
Viel Freude dabei wünschen Ihnen
Ihr PRO LINE CONCEPT-Verlag
und der ADAC Berlin-Brandenburg e.V.

IM HOHEN FLÄMING

Das romantische Dreiburgenland von Belzig, Wiesenburg und Rabenstein

***„Märkische Burgen und Märkischer Sand sind mir bei Dir nur im Fläming bekannt.
Dort ragen die Festen in märkische Luft, von knorrigen Kiefern umweht sie ein Duft.
Auf märkischen Sand brennt die Sonne so heiß und erzählt uns von Helden, von denen niemand mehr weiß"
Christoph August Tiedge
(1752 –1841)***

Manch einer, der vom Fläming spricht, meint nur den Hohen Fläming – und kennt auch nur diesen Teil. Das überrascht nicht weiter, ist doch die Region rund um die historischen Orte Belzig und Wiesenburg reich an landschaftlichen Schönheiten und verfügt über Sehenswürdigkeiten, die dem gesamten Fläming zu mehr Popularität verholfen haben. Eine Besonderheit nicht nur für Brandenburg, sondern für den gesamten Nordosten Deutschlands sind die drei Burgen: Wiesenburg, Eisenhardt und Rabenstein.
Viel Wald, dazwischen immer wieder Felder und Wiesen, eingebettet in die sanften Wellen einer eiszeitlich geprägten Moränenlandschaft, machen den Hohen Fläming wie geschaffen für Erholung suchende Naturliebhaber. Nahezu das gesamte Gebiet wird eingenommen vom Naturpark „Hoher Fläming". Wanderern bietet sich ein weites großzügig ausgeschildertes Wegenetz, das ein unbeschwertes Freizeiterlebnis auf Schusters Rappen möglich macht – verlaufen kann man sich nicht. Ein Muss ist die Besteigung des Hagelbergs, was kräftezehrender klingt, als es ist, denn der Hügel misst nur gut 200 Meter. Eine Höhe, die dennoch für schöne weite Blicke über den Fläming bürgt... schließlich liegt einem an diesem höchsten Punkt Brandenburgs geografisch die ganze Mark zu Füßen.
Der Hohe Fläming liegt sehr verkehrsgünstig an der Bahnstrecke Berlin-Dessau (Bahnhöfe in Belzig und Wiesenburg). Die Züge von Berlin benötigen nur eine Stunde, von Dessau gut 40 Min. bis Belzig, und von Magdeburg erreicht man die Kreisstadt im Hohen Fläming in eineinviertel Stunde.

Weit schweift der Blick im Hohen Fläming

Blick auf Belzig

BELZIG

Haupt des Hohen Flämings

Die Stadt Belzig kann sich glücklich schätzen, da sie zu den Orten in Brandenburg zählt, die durch ihre günstigen Voraussetzungen im Reigen der touristisch bedeutenden Städte mitzutanzen vermag. Eine hübsche historische Innenstadt, die Burg Eisenhardt und eine reizvolle Umgebung ziehen jedes Jahr viele Besucher an, die den Ruf Belzigs als Erholungs- und staatlich anerkannter Luftkurort ins Land tragen.

Werfen wir, bevor sich unsere Aufmerksamkeit den Baudenkmälern zuwendet, zunächst einen Blick in die Belziger Geschichte. Am 8. Juni des Jahres 997 unterzeichnete Kaiser Otto III. in Arneburg an der Elbe ein Schriftstück, das gemeinhin als Geburtsurkunde Belzigs verstanden wird. Darin steht: „nomen vero burguuardi vulgo belisci“ (oder belizi). Übersetzt: Der Wehrbezirk (mit Burg und Dörfern, die zur Versorgung der Burg dienen) heißt im Allgemeinen Belizi. Ob nun dieses Belizi mit Bestimmtheit unser heutiges Belzig ist, diesbezüglich gibt es trotz aller weiteren Indizien einen Hauch von Unsicherheit, und womöglich bleibt uns die Zukunft die hundertprozentige Antwort auf ewig schuldig. Den Belzigern reichte die kaiserliche Urkunde, sie feierten 1997 ihren tausendsten Geburtstag.

Da sich die im 10. Jh. im Fläming ansässigen Slawen mit Erfolg der deutschen Expansion nach Osten erwehrten, wartet die Geschichtsschreibung erst ab dem 12. Jh. wieder mit Neuigkeiten auf. 1161 findet der Ort, jetzt in einer Urkunde des Bischofs von Brandenburg, wieder Erwähnung.

Wer nach Belzig kommt, erkennt rasch, dass die Höhenlage der Burg im Mittelalter von strategischer Bedeutung gewesen sein muss. Schnell entwickelte sich im schützenden Schatten der Fes-

Tourist-Information Belzig
Straße der Einheit 5
14806 Belzig
Fon (03 38 41) 387 99 10
Fax (03 38 41) 387 99 99
www.belzig-online.de
E-Mail: info@belzig.com

Veranstaltungen in Belzig:
Mai Fest der Vereine
Juli Neptunfest im Erlebnisbad
Aug. Belziger Burgfestwoche
Okt. Oktoberfest
Mehrmals im Jahr Irish Folk Night und Konzerte im Burgkeller

Markt mit Rathaus

tung eine Stadt, die trotz mannigfaltiger kriegsbedingter Zerstörungen immer wieder aufgebaut wurde. 1406 hieb der Erzbischof von Magdeburg mit seinen Truppen auf Belzig ein, 150 Jahre später taten es ihm die Spanier im Schmalkaldischen Krieg gleich. Der 30-jährige Krieg führte schwedische Soldaten in den Hohen Fläming. Auch ihnen fiel das Städtchen zum Opfer. Selbst Napoleon setzte seine Füße auf das Belziger Pflaster, dieser rührte aber keinen Finger, allenfalls am 10. Juni 1813 salutierend bei der Parade, die er seinen Truppen zweieinhalb Monate vor der Schlacht am Hagelberg in Belzig abnahm (↗ Hagelberg). Durch Napoleons endgültige spätere Niederlage verlor der mit dem Franzosen verbündete sächsische König in Dresden seine Besitzungen im Fläming. 1815 zogen preußische Verwaltungsstrukturen ins Rathaus ein – und Belzig wurde in der Folge Kreisstadt, was es bis heute geblieben ist (Kreis Potsdam-Mittelmark).

Beginnen wir unseren Stadtrundgang am Belziger *Marktplatz*. Hier, wie in der gesamten Altstadt, findet man noch etliche *historische Bürgerhäuser* aus dem 17. bis 19. Jh. Auffälligstes Bauwerk am Markt ist das *Rathaus* von 1671. Wie in Niemegk (↗), begegnet es uns ganz im Stil der sächsischen Renaissance, bzw. Neo-Renaissance, denn der Giebel wurde 1912 historisierend davor gesetzt. Aber auch das ist nur die halbe Wahrheit, denn das alte Belziger Rathaus ging 1972 in Flammen auf, sodass uns der heutige Bau als gelungene Replik von 1989/91 vor Augen tritt.

Fritz Reuter in Belzig

Das 19. Jh. war für freiheitlich denkende Menschen eine harte Zeit. Einer der diese Erfahrung machen musste, war Fritz Reuter.

Der am 7. November 1810 in Stavenhagen/Mecklenburg geborene Reuter studierte zunächst Jura an den Universitäten in Rostock und Jena. Seine liberale Gesinnung wurde ihm in dieser Zeit zum Verhängnis. Wegen angeblicher Majestätsbeleidigung und Hochverrats wurde er 1836 zum Tode verurteilt. Die Umwandlung der Strafe in dreißig Jahre Haft bewahrte ihn 1837 vor diesem Schicksal. Auf dem Weg zum Strafantritt in der Magdeburger Festung kam Reuter, von Wa-

chen eskortiert, auch nach Belzig. Eine Gedenktafel, angeschlagen am damaligen Gasthaus Goldener Stern in der Wiesenburger Straße 11, wo er für die Nacht ein Zimmer bezog, erinnert daran. Reuter wurde 1840 begnadigt. Nach zehn Jahren Arbeit in der Landwirtschaft wurde er Hauslehrer und der Weg war frei, als einer der populärsten Schriftsteller seiner Zeit in die deutsche Literaturgeschichte einzugehen. Immer überwog in seinen Werken die Kritik am Militarismus und der Gutsherrschaft. Seine Heimat hat den gebürtigen Mecklenburger dabei stets in Gedanken begleitet. Realistisch zeichnete Fritz Reuter in seinem bedeutendsten Roman „Ut mine Stromtid" das Landleben seiner Zeit nach. Er starb am 12. Juli 1874 in Eisenach/Thüringen.

Evangelisches Gemeindebüro
Kirchplatz 1
14806 Belzig
Fon Di (03 38 41) 318 96
Fax (03 38 41) 85 83
Kirchenführungen
nach Voranmeldung:
Pfarrer i. R. Heiner Ullmann
Lärchenweg 22
Fon (03 38 41) 336 94

Historische Bürgerhäuser

Von den historischen Bürgerhäusern der Stadt soll eines hier besondere Erwähnung finden, und zwar das im 18. Jh. gebaute so genannte *Sernohaus* in der Straße der Einheit 14. Serno war Belziger Bürgermeister und Tuchhändler. Daher der große Dachboden, den er als Lagerraum für seine Stoffe nutzte, die Vorrichtung für den Lastenaufzug ist noch zu sehen.
Nur einige Meter entfernt führt eine Gasse von der Straße der Einheit zum Kirchplatz – hier treffen wir auf die *Pfarrkirche St. Marien*. Man schrieb das 13. Jh., als der sakrale Bau Feldstein für Feldstein auf kreuzförmigem Grundriss in den Himmel wuchs – in der Bauweise verwandt mit den Kirchen in Ziesar und Wiesenburg. Ursprünglich besaß St. Marien nur ein Schiff. Im 15. Jh. fügte man als Ergänzung südlich ein Seitenschiff hinzu, dieses – eher untypisch – mit drei Querdächern ausgestattet. Die 1636 von den Schweden angerichteten Verwüstungen blieben auch für die Belziger Stadtkirche nicht ohne Folgen, dabei zerstörte ein Feuer große Teile von St. Marien. Die Reparatur gelang mit viel Mühe und auch nur deshalb, weil man in Sachsen Geld für das ehrgeizige Vorhaben sammelte. Ende des 17. Jh.s schließlich erhielt der Turm eine barocke geschweifte, so genannte welsche Haube, im Falle von St. Marien mit zwei übereinander angeordneten Laternen. Die Inneneinrichtung ist eher schlicht gehalten. Wichtigstes Ausstattungsstück ist die *barocke Orgel* von 1747. Sie ist eines der we-

Kirche St. Marien

nigen erhaltenen Werke des Halberstadter Orgelbauers Johann Adolarius Papenius (1696–1779). Ursprünglich stand das Instrument im sachsen-anhaltinischen Hordorf bei Oschersleben, dessen Kirche wegen Baufälligkeit aber aufgegeben werden musste. Da die in St. Marien eingebaute Orgel von 1906 samt Kahrling-Gehäuse (↗ Loburg) seinerseits marode geworden war, entschied man sich zur Restaurierung des importierten aber wertvolleren Papenius-Instruments. Seit 1979 begleitet dieses schöne Stück die Gottesdienste in St. Marien und erklingt regelmäßig bei Konzerten.

Reissingerhaus

Ein malerischer Blickfang am Kirchplatz 3 ist das *Reissigerhaus*, erbaut 1728. Der Name der in rot-schwarzem Fachwerk erbauten heutigen Kantorei erinnert an Carl Gottlieb Reissiger, der hier das Licht der Welt erblickte (Gedenktafel über dem Eingang). Generationen vor uns diente das Haus den Kindern Belzigs als erste Lehranstalt.

Ein Sohn Belzigs im Dienste der Musik

1798 wurde in Belzig Carl Gottlieb Reissiger geboren. Schon früh unterwies der Vater den Sohn an Klavier und Violine. Lange blieb der Junge aber nicht im Fläming, bereits als Dreizehnjähriger verließ er seine Heimatstadt in Richtung Leipzig und trat dort in den Thomanerchor ein. Er studierte Musik und Theologie, reiste nach Italien und Frankreich, um dort sein Wissen und Können an Musikakademien zu vervollkommnen. Seine erste Oper „Didone abandonate“ wurde mit großem Erfolg 1824 in Dresden unter der Leitung Carl Maria von Webers uraufgeführt. Ab 1828 leitete Reissiger in dessen Nachfolge die Dresdner Hofkapelle. Zu seinen Verdiensten zählte auch die Förderung des fünfzehn Jahre jüngeren Richard Wagner, freilich um den Preis, dass dieser sich in Konkurrenz zu ihm stellte und Reissiger mit Wagner kurze Zeit sogar einen zweiten Kapellmeister neben sich dulden musste. Reissiger gilt bis in unsere Zeit als außerordentlicher Melodiker, dessen Stücke von harmonischer Leichtigkeit geprägt sind. Das Gesamtwerk Carl Gottlieb Reissigers umfasst u. a. acht Opern, 300 Choräle, 68 Liederhefte für Singstimme und Klavier, nicht zu vergessen seine 23 Klaviertrios und die vielen Chorlieder. Seine Opern werden heute nicht mehr aufgeführt, dagegen werden seine Kirchenlieder, Klavier- und Kammermusiken noch gespielt.

Gestorben ist Carl Gottlieb Reissiger am 7. November 1859 in Dresden. Belzig würdigt von Zeit zu Zeit die Werke seines Sohnes und bringt sie in St. Marien zur Aufführung.

Wenden wir uns nun jenem Bauwerk zu, das Belzigs Silhouette entscheidend prägt: *Burg Eisenhardt*. Herrschaftlich thront die Festung mit ihrem Stärke demonstrierenden Namen über der Stadt. Wer vom Zentrum aufbricht, muss sich auf eine für brandenburgische Verhältnisse ungewöhnliche Steigung gefasst machen. Doch der Weg lohnt. Die Schloßstraße entlang, begleiten einen mächtige Backsteinmauern, die das Bollwerk uneinnehmbar erscheinen lassen. Man betritt die Burganlage durch ein Torhaus im Hauptgebäude. Wer den 24 Meter hohen *Bergfried* erklimmt (Billett im Museum), genießt nicht nur den weiten Rundumblick über die Stadt und den Hohen Fläming, er gewinnt auch einen Eindruck von den beträchtlichen Dimensionen der Burg. Der Turm, vermutlich in Anlehnung an seine einem Butterfass gleichende Form auch „Butterturm" genannt, zählt zu den ältesten Teilen von Eisenhardt. Er stammt aus dem beginnenden 13. Jh. und verfügt im unteren Bereich über eine Mauerstärke von erstaunlichen 3,75 Metern. Der Turm überstand weitgehend unbeschadet die Zerstörung der Burg durch die Truppen des Erzbischofs von Magdeburg 1406. Hinter dem Bergfried hat man vor einigen Jahren die *Reste einer romanischen Kapelle* ausgegraben.

Im 15. und 16. Jh. erfolgte der Ausbau zu einer unregelmäßigen Festungsanlage mit doppeltürmigem Torhaus und fünf weiteren Rondellen an den Ecken. Im 30-jährigen Krieg blieb auch die Belziger Burg nicht von Zerstörungen verschont. Die Schäden wurden aber von 1685 bis 1691 behoben.

Zeitenwende: Nach 1816 bargen die alten Gemäuer das preußische Landratsamt für den Kreis Zauch-Belzig und ein Gericht. 1849 besuchte Friedrich Wilhelm IV. anlässlich der Einweihung des Denkmals am Hagelberg auch Belzig. Der damalige angeschlagene Zustand der Burg bewog den König, umfassende Reparaturen anzuordnen. Ihm und vor allem den jüngsten Sanierungsmaßnahmen seit 1990 verdanken wir den guten baulichen Zustand von Burg Eisenhardt. Sie gehört heute der Stadt, die hier u. a. den Trauraum des Standesamtes, die Bibliothek und das Museum Burg Eisenhardt eingerichtet hat. Im einstigen Salzmagazin befindet sich ein Hotel. Im Burgkeller finden übers Jahr verteilt zahlreiche Kulturveranstaltungen statt.

Burg Eisenhardt
Wie schaut sie ernst vom Berg ins Tal hernieder, ein Denkmal alter Ritterherrlichkeit,
die alte Burg aus Lindengrün und Flieder, uns ernst gemahnend an vergangne Zeit!
Wie oft zum Kinderspiel im Frühlingswinde, hat leisen Sangs gerauscht am Tor die Linde!
Dabei das Kirchlein, wo im Morgengrauen, sich oft versammelt frommer Beter Schar, wie ist voll Milde immer anzuschauen
das edle Priesterantlitz am Altar.
Manch Wort, das er gesät uns in's Gemüte, wuchs mächtig auf und trieb die schönste Blüte.
Martha Kallusky-Schinkler, Belzig

Das *Museum Burg Eisenhardt* nutzt Räumlichkeiten im Torhaus. Die Ausstellung widmet sich der umgebenden Burg, aber auch den anderen beiden Höhenburgen in Wiesenburg und Raben. Ein besonderer Schwerpunkt liegt auf der Schlacht am Hagelberg, die anschaulich in einem Diorama nachgestellt ist. Außerdem leben alte Handwerkszweige der Region auf, darunter Brau- und Töpferhandwerk, Blaudruck und die Leineweberei.

Museum Burg Eisenhardt
14806 Belzig
Fon u. Fax (03 38 41) 424 61
Öffnungszeiten:
Di 10. 00–16.00 Uhr
Mi–Fr 11.00–16.00 Uhr
Sa/So 10.00–17.00 Uhr
Museums- und Burgführungen nach Anmeldung

Malerisch versteckt, im Bereich der schon vor 2500 Jahren als Wehranlage genutzten Vorburg, liegt die *Bricciuskapelle*. Ihre genaue Bauzeit ist nicht bekannt, man vermutet, dass sie im Kern wie St. Marien auf das 13. Jh. zurückgeht. Ihren Namen verdankt sie den im 12. bis 14. Jh. hier angesiedelten Flamen, Westfalen und Friesen und deren Heiligem Briccius.

Am Fuße der Burg, unterhalb des Torhauses kündet ein kunstvoller Wegweiser von jener Zeit, als Belzig noch von Dresden aus verwaltet wurde: die *sächsische Postdistanzsäule*. Neben der in Belzig existieren noch drei weitere in Niemegk (↗), Brück (↗) und Dahme (↗). Diese mit eingravierten Reisezeiten zu Städten und Poststationen versehenen Obeliske wurden im 18. Jh. zur Zeit Augusts des Starken im ganzen Land Kursachsen aufgestellt. Eine sächsische Postmeile war 9,062 Kilometer lang, und man ging davon aus, dass dafür zwei Stunden aufzuwenden waren. Das im oberen Bereich eingefügte Wappen weist heraldisch sowohl auf Sachsen als auch auf Polen hin, August der Starke herrschte damals in beiden Gebieten. Die Säule ist eine Kopie, das etwas angeschlagene Original steht im Museum.

Postsäule

Unternehmen wir einen Sprung ins 20. Jh.: Belzig begründete schon früh seinen Ruf als Erholungsort. Bereits ab 1900 existierte hier eine Lungenheilstätte. Heute kommen die Besucher wegen der guten Luft, der Landschaft und dem Reiz der Stadt – in Zukunft wird eine weitere Attraktion Belzigs Ruf als Reiseziel festigen. 1996 suchte man nach einer Thermalquelle, die in 778 Metern Tiefe erfolgreich angebohrt werden konnte. Die jodhaltige Sole wird in nicht allzu ferner Zeit ein Thermalbad füllen. Wer darauf nicht warten möchte, kann sich bereits heute im Belziger *Erlebnis- und Freizeitbad* fit halten. Die am nördlichen Stadtrand schön gelegene und ansprechend gestaltete Badelandschaft bietet Kindern eine 55 Meter lange Rutsche.

Wanderung zur Springbach-Mühle: ca. 8 km (Karte S. 27)

Das Freizeitbad ist der geeignete Ausgangspunkt zu einer kleinen Wanderung. Etwa eine halbe Stunde Fußmarsch, zunächst der Rosa-Luxemburg-Straße folgend, und man kommt zur *Springbach-Mühle*, nach dem vormaligen Eigentümer im Volksmund auch Hannemann-Mühle oder aber Obermühle genannt. Romantisch spiegelt sich das mächtige Fachwerkgebäude in den Fischteichen. Die 1749 errichtete Mühle wurde 1997/98 beispielhaft saniert und ist heute eine der größten Attraktionen im westlichen Fläming. Als Hotel und Ausflugsgaststätte mit Biergarten zieht die Springbach-Mühle inzwischen viele Besucher an. Herrlich ist auch die nahe Umgebung, die sich parkähnlich in das vom *Springbach* durchflossene Tal einfügt. Besonders sehenswert ist die bepflanzte *Kräutertreppe* mit ihren teilweise kaum bekannten Wildkräutern.

Wer von hier aus, vielleicht nach einer aufmunternden Stärkung, den Weg fortsetzen möchte, wendet sich durch den Wald der *Reha-Klinik* zu. Eingeweiht wurde das Backsteingebäude im Jahre 1900. Heute werden hier psychosomatische, rheumatische und orthopädische Leiden behandelt. Ein Besuch des schönen *Parks* ist erlaubt. Zurück nach Belzig geht es dann quer durch die Forsten der so genannten Kirchenheide.

Freizeit- und Erlebnisbad Belzig
Weitzgrunder Weg 41
14806 Belzig
Fon (03 38 41) 310 11
Öffnungszeiten:
Mai bis Sept. Sie werden jährlich den Sommerferien angepasst.

Springbach-Mühle
Mühlenweg 2
14806 Belzig
Fon (03 38 41) 621-0
Fax -621-11

Springbach-Mühle

Rund um Belzig gibt es einige charakteristische hübsche Flämingdörfer, die meisten davon gut mit dem Rad zu erreichen. Typisch für den Landstrich sind die vielen kleinen Feldsteinkirchen.

Radtour Belzig – Borne – Bergholz – Belzig: ca. 13 km

(Karte S. 27), oder in Verlängerung von Bergholz über Kranepuhl, Kuhlowitz (Lüsse) nach Belzig (ca. 23 km)

Start ist an der Burg Eisenhardt oder für Zugreisende am Bahnhof. Eine kaum befahrene Straße führt zunächst durch dichten

Mühle bei Borne

Wald, dann weiter etwas abschüssig von Feldern begleitet ins gut vier Kilometer entfernte **Borne**. Links auf der Anhöhe grüßt bereits die Mühle, doch wir passieren zunächst die Borner *Dorfkirche*, ein Feldsteinbau mit Fachwerkturm, Chor und halbrunder Apsis aus dem 13. Jh. Im Dorf geht es dann links über die Bahngleise zur *Bockwindmühle*. Eine Schautafel macht mit der Arbeitsweise der gut erhaltenen Mühle vertraut. Wer mit Proviant ausgestattet ist, sollte ihn hier auspacken – ein Picknickplatz lädt neben dem hölzernen Denkmal zur Rast.

Weiter geht es ins nahe **Bergholz**. Das Dorf wartet mit einer bemerkenswerten *Kirche* auf. Die Westwand mutet geradezu wehrhaft an, was viele Gotteshäuser im Mittelalter auch sein mussten, damit sich die Dorfbewohner vor nahenden Feinden zurückziehen konnten. Hier in Bergholz beruht die schräge Wand darauf, dass man mit Backstein stützend eingriff, um einem bevorstehenden Einsturz des Turms zuvorzukommen. Wie in Borne schließen sich an das Schiff noch Chor und Apsis an.

Kirche in Kranepuhl

In Richtung Kranepuhl fahrend, geht es nach nur wenigen Metern nach links auf den Radfernweg, der uns durch die sanft gewellte Landschaft zurück nach Belzig bringt. Wer die große Runde fahren will, bleibt auf der Straße nach **Kranepuhl**. Das Dorf liegt in ungewohnter Hanglage oberhalb der Plane-Ebene und besitzt eine hübsche kleine *Feldsteinkirche*. Wir folgen der Straße durchs Dorf in Richtung Norden. An der B 102 biegen wir links ab, um diese nach nur wenigen Metern nach rechts (Preußnitz) wieder zu verlassen. Auch das *Gotteshaus* in **Kuhlowitz** lohnt einen Blick.

Ein Abstecher nach **Lüsse** sei empfohlen. Das Lüsser *Kirchlein* besitzt einen 1905 kunstvoll in Rot und Grünblau ausgemalten Innenraum mit einer wunderschönen an drei Seiten umlaufenden Empore.

Besichtigung der Kirche in Lüsse nach Voranmeldung im Pfarramt Mörz
Dorfstraße 14
14806 Mörz
Fon (03 38 43) 403 05

WIESENBURG

Die märchenhafte Seite des Hohen Flämings

Das 1.500 Einwohner zählende Wiesenburg vereint in sich die liebliche Landschaft des Hohen Flämings und eine nahezu märchenhaft anmutende von Menschenhand geschaffene Kulisse. Wiesenburg ist nicht sehr groß... „aber oho" möchte man hinzufügen, denn Schloss, Schlosspark, Kirche und einige historische Gebäude verleihen dem Dorf, das einem eher als malerisches Städtchen daherkommt, ein besonderes Flair.

Erwähnt wurde Wiesenburg erstmals in einer Urkunde des Jahres 1161. Im 13. Jh. ersetzte man den aus Holzpalisaden und Erdwällen bestehenden Burgwall durch eine zwei Meter dicke Feldsteinmauer. Aus dieser Zeit existiert noch der untere Teil des Turms. Seine Mauern haben eine Dicke von bis zu vier Metern. Nachdem der sächsische Kurfürst aus den vielen Auseinandersetzungen des 14. und 15. Jh.s um das Gebiet des Flämings als Sieger hervorgegangen war, verlor Wiesenburg seine strategische Bedeutung. Der Sachse verkaufte das Anwesen 1456 samt Ländereien und dem großen Waldgebiet im Südwesten an die Herren Brandt von Lindau, die dann 300 Jahre hier ansässig waren. Es waren drei unruhige Jahrhunderte. Der Schmalkaldische Krieg 1546/47, in dem protestantische Fürstentümer gegen katholische kämpften, führte im Dienste Kaiser Karls V. stehende spanische Söldner nach Wiesenburg, die das Dorf und die Burg niederbrannten. Die Schweden plünderten und verwüsteten Wiesenburg im 30-jährigen Krieg gleich zweimal, 1634 und 1636. Der herrschaftlichen Anlage widerfuhren in ihrer Geschichte demzufolge mannigfaltige Veränderungen.

Schloss Wiesenburg ist eine unregelmäßige Vierflügelanlage, deren nach Süden ausgerichtete Schauseite sich hoch aufragend dem Park zuwendet. Die prachtvolle Fassade entstand zur Zeit des Schlossherrn Curt von Watzdorff (die Watzdorffs kamen 1754 durch Erbfolge an Wiesenburg) im Rahmen der letzten umfassenden Erneuerung zwischen 1864 und 1880. In diese Zeit fiel der Umbau zu einem repräsentativen Schloss, wie es im Fläming kein zweites Mal zu finden ist. Mit den Arbeiten wurde – abgesehen von der Südfassade, die unter Leitung des Baumeisters

Fremdenverkehrsverein
„Hoher Fläming" e.V.
Schloßstraße 1
14827 Wiesenburg
Fon (03 38 49) 504 45
Fax -502 71
www.flaeming-burgen.de

Veranstaltungen in Wiesenburg:
Sonntag vor Pfingsten Chortreffen,
Pfingstsonntag Pfingstkonzert,
2. Wochenende im August Parkfest

Schloss Wiesenburg

Burghof

Heimatstube im Schloss Wiesenburg mit Besteigung des Bergfrieds
Fon wie FVV „Hoher Fläming"
Öffnungszeiten:
Sommerzeit:
Mo–Fr 10.00–17.00 Uhr
Sa u. So 10.00–18.00 Uhr
Winterzeit:
täglich 10.00–16.00 Uhr

Hense aus Berlin ausgeführt wurde – der Architekt und Kunsthistoriker Oskar Mothes betraut, ein Schüler Gottfried Sempers. Er stockte auch den ehemaligen *Bergfried* auf und stattete ihn mit einer umlaufenden Galerie aus. Der Turm kann bestiegen werden und bietet, wie die Brüdertürme der Burgen Rabenstein und Eisenhardt, einen herrlichen Blick über die Landschaft des Hohen Flämings.

Renaissance und Neo-Renaissance sind die beherrschenden Architekturstile, derer man sich in Wiesenburg bedient hat (Renaissance: in Deutschland Anfang 16. bis zum beginnenden 17. Jh., Neorenaissance: 19. Jh.). Sie lassen die Anlage stilistisch homogen erscheinen. Man betritt Schloss Wiesenburg durch das seit 1864/66 mit einem reich verzierten Giebel geschmückte *Torhaus*. Aus dem 16. und 17. Jh. sind dagegen die *Portale und Reliefs* im Schlosshof erhalten geblieben. Sie sind stilvolle Zeugen der damaligen Steinmetzkunst. Dazu zählt auch der *Renaissancebrunnen* inmitten des Hofes aus dem Jahre 1609.

Von 1946 bis 1992 diente das Schloss als Schule und Internat. Heute beherbergt es im Torhaus eine kleines Museum zur Geschichte von Wiesenburg. Nach abgeschlossener Sanierung werden neben dieser *Heimatstube* noch mehr Räume für wechselnde Ausstellungen zur Verfügung stehen. Was die weitere Nutzung anbelangt, geht man mit dem Einbau von Wohnungen in das denkmalgeschützte Bauwerk in Wiesenburg seine eigenen Wege.

Nordöstlich, dem Schloss vorgelagert stehen drei weitere historische Bauwerke, und zwar – von der *Schlossbrücke* aus gesehen – links das *Inspektorenhaus* mit seiner auffällig verzierten südost-orientierten Fassade. Das Gebäude stammt aus der Mitte des 16. Jh.s. Rechts das *„Kleine Schloss"*. Unter Verwendung älterer Teile ließ es der Herr von Wiesenburg, Graf von Fürstenstein, 1923 für seine Schwester herrichten. In der Mitte verbindet das so genannte *Männekentor* die beiden Häuser. Am Rande des Parks, etwas tiefer gelegen, befindet sich die alte *Remise*, in der früher die Kutschen und später sogar ein echter Rolls-Royce untergebracht waren. Pferdestärken, ob tierisch oder motorisiert, dient der Backsteinbau heute nicht mehr, eher schon hungrigen und durstigen Touristenkehlen, die im inzwischen hier eingerichteten Gasthaus Rast machen.

Blick zum Männekentor

Wie das Männeken auf das Männekentor kam

Wir schreiben etwa das Jahr 1570. Alexander Colin, begehrter Bildhauer seiner Zeit, weilt in Wiesenburg, um dem Schloss neuen Glanz zu verleihen. Es ist die Zeit der Renaissance, aber nicht jeder kann sich mit dem verspielten Zierrat an den Fassaden abfinden. Zu jenen, die dem Zeitgeschmack nichts abgewinnen können, zählt der Schlosshauptmann Mende. Lange schon verwaltet er Wiesenburg und fühlt sich bemüßigt, dem Künstler aus dem Nachbarland permanent dazwischen zu funken. Eines Nachts entlädt sich ein Unwetter über dem Fläming. Colin, gerade aus Wittenberg zurückgekehrt, begehrt Einlass ins Schloss. Aber Mende verweigert dem Bildhauer den Zutritt. Soll dieser doch pudelnass werden, was schert es den Hauptmann. Der Colin, mit Groll im Bauch, macht sich darauf an die Arbeit und erschafft ein Abbild seines Peinigers, das diesen als kleines Männeken karikiert. Als der Burghauptmann sein Abbild auf dem Tor erblickt, überkommt ihn so sehr die Wut, dass ihn der Schlag trifft.
So verdanken wir den zwei Streithähnen ein hübsches Tor mit einem kleinen Männchen: das Männekentor – wenn's stimmt, was uns die Überlieferung zu berichten weiß.

Alexander Colin – der Bildhauerkunst verschrieben

Das Geburtsjahr ist nicht genau belegt, entweder 1527 oder 1529, wohl aber sein Geburtsort: Mecheln, flämisch Mechelen, im belgischen Flandern. Als Bildhauer verschrieb sich Alexander Colin dem so genannten Manierismus (ital. „maniera", Eigenart, Manier). Diese Gestaltungslehre brach in der ausgehenden Renaissance mit dem Dogma der reinen Harmonie und gestattete die künstlerische Hinwendung zu Ausdruck und Gefühl. Was beim Männeken auf dem Männekentor erst ansatzweise zur Geltung kommt, nämlich die starke Ausdruckskraft seiner Werke, nimmt in Colins späterer Schaffensphase deutlich zu. Vor allem seine in Österreich und ganz Europa verbreiteten stimmungsvollen Grabmale belegen den hohen schöpferischen Wert. Seine Arbeiten sind noch heute zu besichtigen, etwa im Prager Veitsdom oder in der Kirche St. Ulrich zu Innsbruck. Dort in der Tiroler Hauptstadt starb Alexander Colin im Jahre 1612.

Wiesenburger Schlosspark

Der Wiesenburger *Schlosspark* erstreckt sich auf einer Fläche von etwa 95 Hektar. In den ab 1864 im Stil des englischen Landschaftsparks angelegten Garten sind drei untereinander mit Fließen verbundene Teiche eingebettet: Inselteich, Schlossteich und Mühlenteich (im Uhrzeigersinn). Die Wasserspiegelungen verschaffen ständig neue Eindrücke, was vor allem im Frühjahr mit seiner verschwenderischen Blütenpracht ein schönes Erlebnis ist. Der Schlossteich befindet sich in einer Achse mit der Südfassade. Dazwischen ist das Terrain stufenförmig angelegt. Die obere Gartenterrasse entstand 1869, die untere 1878. Dieser symmetrisch mit Beeten strukturierte Bereich setzt Schloss und Park harmonisch in Beziehung zueinander.
Außergewöhnlich ist die aus Tuffstein bestehende unregelmäßig gegliederte Grottenanlage. Die eigens aus Bad Kösen/Saale herbeigeschafften Steine verleihen dem Park eine für Brandenburg einzigartige Originalität. Wer sich auf den Wegen durch das Gelände begibt, wird mit den verschiedensten Gehölzen konfrontiert. Im Juni schwelgen die bis zu sieben Meter hohen Rhododendron-Gruppen in kräftigem Violett und die Azaleen in sonnigem Gelb. „Crataegus laevigata Paulii", der Rotdorn, eifert diesen in Farbe und Höhe erfolgreich nach. Neben eher bekannten Arten wie Silberpappel, Blutbuche und Bergahorn kann sich der Besucher auch so Exotischem annehmen wie der ebenfalls im späten Frühjahr blühenden Gurkenmagnolie, der Schwedischen Mehlbeere oder der Zerr-Eiche.

Besichtigung der Wiesenburger Kirche nach Voranmeldung beim Pfarramt Wiesenburg
Schloßstraße 3
14827 Wiesenburg
Fon (03 38 49) 502 90

Dorfkirche

Am Ostrand des Parks werden die Bäume vom Turm der *Dorfkirche* überragt. Ihre Lage am südlichen Rand Wiesenburgs ist eher ungewöhnlich, das Gotteshaus verleiht der weitläufigen Gartenanlage aber einen zusätzlichen augenfälligen Akzent. Tritt man an das Gebäude heran, treten sofort zwei ganz verschiedene Stilrichtungen zutage. Haupt- und Querschiff, massiv aus Feldstein, stammen aus dem 13. Jh. Der Turm aus Backstein von 1879/80 nimmt sich demgegenüber sehr jung aus. Im Gegensatz zu den meisten Kirchen des Flämings, ist die Apsis, also der kleine Anbau im Osten, nicht rund, sondern fünfseitig eckig gemauert. Innen spiegelt sich dies jedoch nicht wider, dort ist der Raum halbkreisförmig angelegt. Hier steht auch der farbige steinerne, in der Form eines Triptychons gearbeitete *Altar* von 1561.

Hermann Boßdorf

So manchem wird das Ohnsorg-Theater in Hamburg ein Begriff sein. Weniger bekannt dagegen ist, dass sich diese erfolgreiche niederdeutsche Sprechbühne regelmäßig dem Dichter Hermann Boßdorf aus Wiesenburg widmet und seine Stücke zur Aufführung bringt. In der Wiesenburger Kirchstraße hat man dem Literaten einen Gedenkstein errichtet. Boßdorfs Stücke wurden am Ohnsorg-Theater und weiteren Bühnen in den letzten fünf Jahrzehnten recht häufig inszeniert. „De rote Ünnerrock", „Bahnmeester Dod", „De Fährkrog" und „Kramer Kray" sind die Stücke, die in Hamburg immer wieder zur Aufführung kommen.
Boßdorfs Werk geht aber weit darüber hinaus, füllt doch sein gesamtes Œvre elf dicke Bände. Mit Recht gilt der Schriftsteller als Mitbegründer des niederdeutschen Dramas. Leider blieb ihm keine Zeit, noch über das bestehende Maß an Kreativität hinauszuwachsen. Am 29. Oktober 1877 zur Welt gekommen, starb er am 24. September 1921 in Hamburg.

Mittelspecht

Brandtsheide-Radwanderung: ca. 20 km (Karte S. 26)

Südwestlich von Wiesenburg lockt ein ausgedehntes Waldgebiet zum (Rad)Wandern: die *Brandtsheide*. In Brandenburg heißen die meisten Waldungen „-heide" (z.B. Schorfheide), zurückgehend auf das Mittelhochdeutsche, das unter Heide Wald verstand. Blühendes Heidekraut wird der Wanderer also nicht entdecken. Der andere Namensbestandteil „Brandts-" erinnert an die gleichnamige Familie, die das Land bei Wiesenburg 1456 vom sächsischen Kurfürsten als Lehen übertragen bekam.

250jährige „Flämingbuchen"

Beginnen kann man mit der Tour am außerhalb Wiesenburgs gelegenen Bahnhof. Von hier führt ein Weg schnurstracks nach **Spring**, einer kleinen 1736 für Waldarbeiter angelegten Siedlung. Zuvor durchquert man das *Naturschutzgebiet Spring*, in dem ein kleiner Bach („Seegraben") eine feuchtigkeitsliebende Flora und Fauna begünstigt.
Hier finden wir außerdem bis zu 250 Jahre alte Buchen. Wir kreuzen dichten Wald, in dem sich Buchen, Birken, Kiefern und Lärchen abwechseln. In Setzsteig schlagen wir die nordwestliche Richtung ein.
Nach gut 2 km geht es nach links und in einem Bogen nach **Medewitz**. Typisch für den Fläming sind die großen *Findlinge*, die in der Weichseleiszeit hier abgelagert wurden. Einige davon begegnen uns auf unserem Weg. Der Mensch hat ihnen klangvol-

zu Seite 21:
KreativWerkstatt
im Gutshof Klein Glien
Hauptstraße 25, 14806 Klein Glien
Fon (03 38 41) 388 30
Fax -388 40

le Namen gegeben. Der *Reichenheimstein* erinnert an einen Treuenbrietzener Zahnarzt, der sich auch als Natur- und Heimatforscher betätigte. Wenig später entdecken wir den *Solgerstein*, benannt nach dem Berliner Geologen Friedrich Solger. Zwischen Medewitz und Medewitzerhütten verlassen wir den Wald. Die Endung „-hütten" ruft in Erinnerung, dass die Forsten früher nicht nur zur Bau- und Brennholzgewinnung genutzt wurden, sondern auch Köhlern und Teerhütten Rohstoff lieferten. In Medewitzerhütten ändern wir erneut die Richtung und erreichen durch den Wald nach etwa 5 km wieder den Wiesenburger Bahnhof.

In der Brautrummel

Machen wir einen Abstecher zum südöstlich von Wiesenburg in eine Senke gebettete **Grubo**. Von hier aus führt ein beschilderter Wanderweg nach Osten zur *„Brautrummel"*. An Waldrand und Feldrain entlang sind es etwa 20 Min. zu diesem Trockental mit seinen steilen Rändern. Hier lässt sich in der Stille der Natur bei mitgebrachtem Picknickkorb wundervoll Rast machen. Man sollte sich aber immer ruhig verhalten, denn die Brautrummel ist, wie viele Rummeln, häufig Treffpunkt für Damwild. Der Name, so will es eine Sage, geht auf zwei Brautleute zurück, die hier von einem heftigen Wolkenbruch überrascht wurden, den unversehens heranrückenden Wassermassen aber nicht mehr entfliehen konnten und elendig ertranken.

Etwa auf der Hälfte der Wegstrecke von Wiesenburg nach Belzig liegt die „Zugspitze" Brandenburgs: der *Hagelberg*, mit 200,1 Metern höchste Erhebung in der Norddeutschen Tiefebene und der Mark. Die Augen können weit über das wellige Relief des Flämings schweifen. Der Hagelberg ist unbewaldet, allenfalls seine Holunderbüsche verstellen im Sommer blühend und im Herbst Früchte tragend den Blick. Bekannt ist die Brandenburger Bergkuppe auch wegen der „Schlacht am Hagelberg", die für Napoleon mit einer verheerenden Niederlage endete. Hatte der Korse schon kurz zuvor bei Möckern (↗) klein beigeben müssen, ereilte seine Truppen hier östlich Wiesenburgs am 27. August 1813 das gleiche Schicksal.

Denkmal am Hagelberg

Schon von der Bundesstraße aus kann man das *Denkmal* sehen, das an den Sieg der preußisch-russischen Verbände erinnert. Nördlich vom Dorf Hagelberg steht ein zweiter *Gedenkstein*, auf dem sich früher eine inzwischen verschollene Borussia-Statue befand, flankiert von zwei Kanonen. Seit 1988 schmückt ein Relief mit dem Porträt des kommandierenden Generals von Hirschfeld den Sockel. Näheres zur Schlacht am Hagelberg erfährt man im Belziger Museum auf der Burg Eisenhardt (↗), wo das Gefecht als Zinnfiguren-Diorama nachgestellt wird.

Klein Glien, südlich dem Hagelberg vorgelagert, besitzt einen restaurierten *Gutshof*, jüngst ausgebaut zur ländlich-kulturellen Begegnungsstätte. Hier wird gesponnen, gewoben und gefilzt. Gerne lässt man auch Gäste teilhaben, als Zuschauer wie als aktive Lehrgangsteilnehmer. Kleinkunst gehört ebenso zum Angebot wie der Laden, in dem regionale Produkte und Selbstgefertigtes vertrieben werden. Abschluss und Höhepunkt der Sommer-Saison ist das Apfelfest am letzten September-Wochenende.

Von Hagelberg führt eine schmale Straße nach **Schmerwitz**. Das Adelsgeschlecht Brandt von Lindau ließ hier 1736 ein *Schloss* errichten, das man in der 2. Hälfte des 19. Jh.s noch um zwei Flügel erweiterte. Einer davon ging bereits 1892 durch Feuer wieder verloren. Aus diesem Grund finden wir heute eine asymmetrische Anlage vor, sicher eine der schönsten im Fläming, auch wenn der Zustand des Herrenhauses wegen der weiterhin ungewissen zukünftigen Nutzung kaum zufrieden stellt.

Westlich von Wiesenburg liegt **Reetzerhütten**. Biegt man hier rechts von der Bundesstraße ab, kommt man zum malerisch gelegenen *Forsthaus „Alte Hölle“*. Die Ausflugsgaststätte eignet sich gut für kurze Wanderungen in die waldreiche Umgebung. Bei dem Wort Hölle muss einem kein Schauer über den Rücken laufen, der Begriff stammt aus dem Niederdeutschen und bezeichnet lediglich eine landschaftliche Senke.
In Reetzerhütten lädt eine *Kerzenzieherei* ein, bei der Fertigung der romantischen Lichtspender dabei zu sein. Per Hand werden hier in dritter Generation die Dochte Schicht für Schicht mit Wachs ummantelt, bis die richtige Form und Dicke erreicht ist.

Zwischen Reetzerhütten und Reetz steht linker Hand der *„Rote Strumpf“*, eine ausgediente Ziegelei mit Schornstein und Ringofen. Den Spitznamen erhielt das technische Denkmal wohl von jemandem, der sich beim Anblick der Schornsteins an einen Strumpf erinnert fühlte. Der bauliche Zustand der Anlage ist leider nicht der beste, sodass eine Besichtigung nicht möglich ist.

Reetz ist ein typisches Flämingdorf mit einer mächtigen *Feldsteinkirche* aus dem 13. Jh. und einem für die Region so charakteristischen *Feuerwehrhaus*. Der Ort liegt etwa 150 Meter hoch, und wenn man hier in Richtung Reppinichen rechts abbiegt öffnet sich schon bald das schier endlose Panorama auf den 30–50 Meter tiefer gelegenen westlichen Vorfläming.

In **Reppinichen**, einem hübschen langgestreckten Straßenangerdorf, in dessen Mitte sich die *Kirche* (1703) im Dorfteich spiegelt, führt die ortsansässige *Brennerei* Führungen durch. Nach einer Besichtigung und Verkostung weiß man dann, wie aus Früchten Hochprozentiges gemacht wird.

KreativWerkstatt
Klein Glien S. 20 o.

Schloss in Schmerwitz

Buchal-Kerzen
Am Sägewerk 1
14827 Reetzerhütten
Fon u. Fax (03 38 49) 503 66
45-Min.-Führungen ab 12 Personen, keine Führungen für Einzelreisende, Besuch ist aber gern gesehen

Obstgemeinschaftsbrennerei Loburg
Hohenlobbeser Straße
14828 Reppinichen
Fon (03 38 47) 400 01
Fax -401 39

Der „Rote Strumpf“ bei Reetz

Fremdenverkehrsverein
„Niemegker Land" e.V.
Burg Rabenstein
14823 Raben
Fon (03 38 48) 600 29
Fax -609 99

Veranstaltungen in Raben:
Ostern Spektakel mit Ritterspielen
2. Wochenende im Juli Burgfest
Handwerkermärkte und andere Veranstaltungen

RABEN UND DIE BURG RABENSTEIN

Von der Höhe grüßt das Mittelalter

Eine Landschaft wie im Bilderbuch: bewaldete Hügel, ein malerisches Flüsschen, idyllisches Dorfleben – und über allem wehrhafte Mauern mit bester Aussicht. So lässt sich kurz und knapp dieses schöne Fleckchen Erde beschreiben, das dem Reiseland Fläming insgesamt zur Ehre gereicht.

Das Dorf **Raben** liegt am Rande des als Naturschutzgebiet ausgewiesenen Planetals, eingerahmt von bewaldeten Höhen, die im Süden und Südwesten die 150-Meter-Marke geringfügig überschreiten. Etwa einen Kilometer südlich lugt der Bergfried der Burg Rabenstein aus dem Wald heraus.

Raben selbst, im 14./15. Jh. sogar als Städtchen bezeichnet, besitzt zwei sehenswerte Gebäude. „Typisch Fläming" ist die dreifach gegliederte *Feldstein-Dorfkirche* aus dem 13. Jh. Neueren Datums ist der barocke Fachwerkturm. Schön und informativ zugleich begegnet uns die *„Alte Brennerei"*, ein Haus, das etwa um das Jahr 1700 hier errichtet wurde, und zwar als Wirtschaftsgebäude für die Burg. Dass destilliert wurde, versteht sich bei dem Namen von selbst. Zwischen 1863 und dem Zweiten Weltkrieg trieben Pferde hier aber auch ein so genanntes Göpelwerk an, eine Pumpvorrichtung zum Zwecke der Wasserversorgung für die Burg. Seit 1997 steht die ehemalige Brennerei im Dienste des Naturschutzes. Als *Naturparkzentrum des Naturparks Hoher Fläming* ist der aus Feld- und Backstein gemauerte historische Bau Anlaufpunkt für die Besucher der Region. Hier informiert man über (Rad)Wanderwege, verleiht Räder und organisiert regelmäßig wechselnde Ausstellungen zu den Themen Natur und Umwelt des Flämings.

Alte Brennerei

Naturparkzentrum Raben
„Alte Brennerei"
Brennereiweg 45
14823 Raben
Fon (03 38 48) 60-004
Fax -603 60
www.flaeming.net
E-Mail: info@flaeming.net
Öffnungszeiten:
täglich 9.00–17.00 Uhr

Der Landstrich rund um Raben ist ein wahres Wander-Eldorado. Eine sieben Kilometer lange Tour führt durch das westlich gelegene Waldgebiet der *Meiereiheide*. Unbedingt zu empfehlen ist die so genannte *Bergmolchwanderung* durch das nördliche Planetal nach Rädigke (ca. 10 km). Im seichten Tal der Plane finden sich zahlreiche geschützte Pflanzen und Tiere. Mit etwas Glück sieht man den schillernden Eisvogel, auch die Wasseramsel geht hier auf Nahrungssuche. Beide profitieren von

Burg Raben

den zahllosen Insekten, darunter einigen seltenen Libellenarten. Um Flora und Fauna des Naturschutzgebiets nicht zu stören, sollte man die ausgewiesenen Wege nicht verlassen.

Zur Burg hinauf führt ein kurzer steiler Fußweg. Mit dem Fahrrad nähert man sich auf einer stark ansteigenden Straße von Westen. Oben an der Burg gibt es zwar einen Parkplatz, seinen motorisierten Untersatz kann man aber auch unten im Dorf lassen, denn *Burg Rabenstein* liegt mitten in einem etwa 35 ha großen Naturschutzgebiet mit dichtem Traubeneichen- und Buchenbestand. Der „Steiler Hagen" genannte Berg, auf dem die Burg um das Jahr 1200 errichtet wurde, ist 153 Meter hoch, und das Gelände macht seinem Namen tatsächlich alle Ehre. Aus der Entstehungszeit stammt der *Bergfried*, dessen Mauern eine stattliche Mächtigkeit von bis zu 5,40 m aufweisen. Den Turm mit seiner verwinkelten Holztreppe sollte man auf jeden Fall besteigen (geringer Obolus), er garantiert herrliche Blicke über die bewaldeten Hügel des Flämings.
Die Burg ist eine unregelmäßige, auf mächtigen mittelalterlichen Fundamenten ruhende Anlage. Bei einem Fußmarsch um Rabenstein herum erschließt sich die wahre Größe und das mittelgebirgsähnliche Terrain der Umgebung. Eintritt in das geschichtsträchtige Areal gewährt das nach Süden ausgerichtete *Torhaus* links neben dem Bergfried. Den heutigen Zustand der meisten Gebäude verdanken wir tiefgreifenden Baumaßnahmen im 18. und 19. Jh. Nur bedingt trifft das auf den so genannten *Rittersaal* vis-à-vis vom Torhaus zu, der im Kern noch aus dem 13. Jh. stammt. Rechts begrenzt ein langgestrecktes *Wohnhaus* die Anlage nach Osten.
Im Burghof am Torhaus führt eine Treppe zum Bergfried hinauf. Der *Fremdenverkehrsverein „Niemegker Land"* hat hier seinen Sitz genommen. Man freut sich auf Besucher und informiert über touristische Angebote der Umgebung. Zünftig übernachten kann man ebenfalls auf Burg Rabenstein, nicht luxuriös aber mit urwüchsigem Ambiente.

Außerhalb der Burg im Bereich des Vorhofes zählt noch eine *Scheune* aus dem 18. Jh. zu den sehenswerten Bauwerken. Bemerkenswert ist das massige, rundlich geformte so genannte Bohlensparrendach. Etwas weiter weg steht das kleine vor einigen Jahren neu errichtete *Backhaus*.

Blick vom Bergfried

Falknerei/Waldschule
Burg Rabenstein
Zur Burg 49, 14823 Raben
Fon (0170) 958 56 07
Lehrreich und spannend zugleich ist die Teilnahme an einer der regelmäßig durchgeführten Falkner-Vorführungen, bei der man hautnah die Faszination von Greifvögeln erleben kann.
Vorführungen: Di–So 14.30 Uhr
Pädagogische Programme für (Schüler)Gruppen auf Nachfrage

Die Rosemariesage

Zu einer Zeit, als die Burg Rabenstein noch Rittersitz war, lebte hier eine junge Tochter namens Rosemarie. Sie wurde streng gehalten, und die Eltern verwehrten ihr, mit der Jugend im Dorf zu feiern. Als eines Tages in Raben mal wieder zum Johannisfest aufgespielt wurde, schlich sich Rosemarie in fremden Kleidern aus der Burg und mischte sich unter die fröhlichen Dorfbewohner. Dabei vergaß das junge Mädchen die Zeit. Als die Glocke zwölf Uhr nachts schlug, wurde Rosemarie gewahr, in welch missliche Lage sie sich gebracht hatte, denn um Mitternacht wurden auf der Burg die Tore verschlossen. Sogleich machte sie sich auf den Heimweg. Der Turmwächter öffnete ihr nach langem Klopfen und ließ sie herein, meldete dies aber sogleich seinen Herren. Rosemarie wurde von den Eltern in den Turm gesteckt und bekam als Strafe zur Aufgabe, zwölf Leinenhemden zu nähen. Erst danach sollte sie wieder freigelassen werden. Doch war ihr nur gestattet, alle fünfzig Jahre einen Nadelstich zu tun. So näht sie als traurige unsichtbare Gestalt nun schon Jahrhunderte an den Hemden herum, und jedes Jahr zur Johannisnacht am 24. Juni, so heißt es, kommen die Ahnen herbei und reiben der armen Rosemarie ihre einstige Verfehlung unter die Nase.

Fläming Tourismus e. V.
Postfach 1113, 14801 Belzig
Fon (03 38 41) 304 10
Fax -304 11
www.flaeming-tourismus.de
E-Mail: info@flaeming-tourismus.de

Der Burgen-Rundwanderweg: 109 km (Karten S. 26, 50, 58)

Für alle Wanderfreunde hält der Fläming eine besondere Attraktion bereit: den Burgen-Rundwanderweg. Mehrere Tage durchstreift man den gesamten Hohen Fläming sowie Teile des nördlichen Vorflämings, immer begleitet von einer rot-weißen Markierung. Wo die Tour begonnen wird, bleibt jedem selbst überlassen. Verbunden werden die Orte Belzig, Rädigke, Raben, Jeserig, Wiesenburg, Görzke, Rottstock, Ziesar, Groß Briesen, Ragösen und Lütte. Abwechslungsreiche Landschaften und vielfältige Flora und Fauna kennzeichnen diesen Rundwanderweg, nicht zu vergessen die zahlreichen Kulturdenkmäler, die die Route säumen. Auch Unterkünfte jedweder Preiskategorie gibt es und für das leibliche Wohl ist ebenfalls gesorgt. Im Mai/Juni steht in den meisten Restaurants Spargel von den nahen Beelitzer Feldern auf der Karte. Die klaren Flüsschen liefern zudem Forellen, deren Zubereitung, ob Müllerin oder blau, vortrefflich beherrscht wird. Und das Schöne ist: Wer den Burgen-Rundwanderweg ohne Gepäck und damit leichteren Fußes bewältigen möchte, kann das Angebot des Fremdenverkehrsverbandes Fläming Tourismus e. V. „Wandern ohne Gepäck" nutzen.

Eberesche bei Burg Rabenstein

NATURPARK HOHER FLÄMING

Mit knapp 830 km² umschließt der Naturpark Hoher Fläming ein Gebiet etwa der Größe Berlins. Er ist eingebettet in eine siebenhundert Kilometer lange saale-eiszeitliche Endmoränenkette, die von Schleswig-Holstein bis nach Polen reicht. Der Naturpark, dünn besiedelt wie der gesamte Fläming, ist zur Hälfte bewaldet. Zwar dominieren nach wie vor Kiefernforste, zugleich aber gibt es beachtliche Reste naturnaher Wälder. Bis zu 250 Jahre alt sind zum Beispiel die Flämingbuchen im gleichnamigen Naturschutzgebiet zwischen Medewitz und Setzsteig südlich von Wiesenburg. Hier leben unter anderem der Schwarzspecht und das Wappentier des Naturparks, der Mittelspecht.

Der Fläming ist bekannt für seine Wasserarmut, die wenigen bestehenden Bäche sind jedoch glasklar und bieten daher dem seltenen Edelkrebs oder dem Bachneunauge gute Lebensbedingungen. Auch Fauna und Flora am Rande der Gewässer, in den Auen, sind überaus artenreich. Die Gebirgsstelze brütet hier und mit ein wenig Glück begegnet dem Wanderer ein Eisvogel. Orchideen, in weiten Teilen Deutschlands ausgestorben, sind in den feuchten Wiesen des Naturparks ebenfalls noch häufig anzutreffen.

Im Nordosten des Großschutzgebiets fällt der sanfte Höhemzug steil zu den Belziger Landschaftswiesen ab. Hier flossen die Schmelzwasser der vorerst letzten Eiszeit vor über 10.000 Jahren, der Weichsel-Eiszeit. Dieses tischebene Urstromtal ist europäisches Vogelschutzgebiet. Die noch im 18. Jh. vollkommen bewaldete Ebene wurde vom Menschen gerodet und bietet sich dem Betrachter als baumlose Landschaft, in der zahlreiche Wiesenbrüter zu Hause sind. Sie ist Rastplatz für Watvögel, Wildgänse und Enten sowie Rückzugsgebiet des größten flugunfähigen Vogels in Europa, der Großtrappe.

Ein Muss für alle Besucher des Hohen Flämings ist ein Besuch des Naturparkzentrums in Raben. Untergebracht in einer behindertengerecht restaurierten einstigen Brennerei (↗ S. 22), bietet das Zentrum eine Menge Informationen zu den verschiedensten Themen, größtenteils zu Umwelt- und Naturpark-Fragen. Man bekommt aber auch Veranstaltungstipps und kann den Fahrradverleih nutzen.

Naturparkzentrum
Brennereiweg 45
14823 Raben
Fon (03 38 48) 600 04
Fax -603 60
www.flaeming.net
E-Mail: info@flaeming.net
Öffnungszeiten:
Täglich 9.00–17.00 Uhr

Landschaft im Hohen Fläming

Görzke
Dangelsdorf
Benken
Steindorf
Börnecke
nach Ziesar
Burgen-Rundwanderweg
107
Arensnest
Schmerwitz
200
Klein Glien
nach Reppinichen
Schlamau
Burgen-Rundwanderweg
Neuehütten
Alte Hölle
Mahlsdorf
Wiesenburg
Reetz
Reetzerhütten
246
Bf. Wiesenburg
Naturpark
Jeserig/Fläming
Welsigke
Glashütte
Medewitzerhütten
NSG Spring
Jeserigerhütten
Medewitz
169
Gorrenberge
Mützdorf
107
NSG Flämingbuchen
168
Frauenberg
Setzsteig
Sachsen-Anhalt
Grenze Naturpark
Tourist-Information
Windmühle
Burg/Schloss
Naturpark-Information
Burgen-Rundwanderweg S. 24
Wanderweg S.13
Radroute S.13/14
Radwanderweg S.19/20
Radroute S. 64/65
0
5 km
N

nach Ziesar
Burgen-Rundwanderweg
102
Waldsiedlung
Lübnitz
Springbach-Mühle
Neschholz
Lüsse
246
BELZIG
gelberg
246
Kuhlowitz
Preußnitz
Locktow
Mörz
Borne
102
Dahnsdorf
Bergholz
Kranepuhl
Grenze Naturpark
nach Berlin
AS 5 Niemegk
Hoher Fläming
Brautrummel
Lühnsdorf
Plane
Grubo
NIEMEGK
Buchholz b. Niemegk
Burgen-Rundwanderweg
Rädigke
Neuendorf
NSG Planetal
Raben
Naturpark-Information
NSG Rabenstein
9
Garreyer Rummel
Neuendorfer Rummel
NSG Klein Mahrzehns
Zixdorf
Garrey
Klepzig
nach Leipzig
AS 6 Klein Mahrzehns
Klein Marzehns

DER WESTLICHE VORFLÄMING

Ein Streifzug durch das verschwiegene Möckern-Loburger Land

Quer durch den Fläming, von Nordwesten nach Südosten, verläuft die grüne Grenze zwischen den Bundesländern Brandenburg und Sachsen-Anhalt. Dem Höhenzug mit seinen Landschaften, Städten und Dörfern und seinen Menschen einen Besuch abzustatten, ohne sich mit dem Teil jenseits dieser Grenze vertraut zu machen, hieße, den Fläming nicht in seiner Gesamtheit kennen zu lernen. Der westliche Vorfläming verspricht Abgeschiedenheit. Wer hier unterwegs ist, bleibt noch unter sich. In den Wäldern zwischen Möckern und Loburg durchbricht allenfalls der Kuckuck die Stille. Weiter westlich, dort wo 1813 Napoleons Soldaten geschlagen vom Feld zogen, hält nichts die Blicke auf, können die Augen bis zum Horizont schweifen.

Orte wie Möckern, Loburg, Lindau und Leitzkau atmen Ruhe aus und zeugen von der wechselhaften Geschichte dieser verträumten Gegend, deren Schönheit erst von wenigen entdeckt worden ist. Die Höhenunterschiede sind nur gering, das Niveau schwankt um die Marke von 100 Meter üNN und fällt erst im Westen zur Elbe hin ab. Die sehenswerten Städte Dessau, Zerbst und Magdeburg sind nicht weit – geeignete Ziele für Tagesausflüge, um anschließend wieder zurückzukehren in die erholsame Stille des verschwiegenen Vorflämings. Loburg und Möckern sind per Zug mit Magdeburg verbunden, von Berlin nimmt man am besten die Bahn über Belzig nach Lindau (Anhalt).

Blick auf Loburg

Rathaus in Möckern

MÖCKERN

Des Preußen Freud', Franzosens Leid

Es gibt einiges zu entdecken in der kleinen Stadt am Rand des Flämings, darunter sehenswerte Gebäude wie das den Markt beherrschende Rathaus und das Schloss mit seinem angrenzenden Landschaftspark. Bekannt ist Möckern auch wegen des Gefechts, das 1813 in der Nähe tobte und mit einem Sieg der Preußen endete.

Dringen wir zunächst etwas tiefer in die Geschichte Möckerns ein. 1998 feierten die Bürger der Stadt und ihre Gäste die 1050. Wiederkehr der urkundlichen Ersterwähnung. Das war 948, als das Bistum Brandenburg gegründet wurde. In jener Zeit nannte man den Ort „Mocrianici", was übersetzt etwa „nasser Ort" bedeutet. Damals lebten die Slawen in dieser Gegend, deren Einfluss sich mit der mittelalterlichen deutschen Ostkolonisation im 12. Jh. Schritt für Schritt seinem Ende näherte. Nass war die von der Ehle durchflossene Umgebung tatsächlich. Möckern selbst entstand auf einer seichten trockenen, kaum wahrnehmbaren Erhebung. Von jenen, die hier das Sagen hatten, seien die Grafen von Arnstein hervorgehoben, die bis zu ihrem Aussterben 1524 Herren der brandenburgischen Grafschaft Ruppin waren (↗ Lindow und Alt Ruppin in: Brandenburg, Der Norden Bd. Das Ruppiner Land).

Zwei wichtige Straßen kreuzten sich bei Möckern und begünstigten die Stadtgründung. Dafür verantwortlich war selbstverständlich auch eine Burg, in deren Tradition noch heute das Schloss steht. Das Jahr 2073 werden die Möckerner sicher feiern, dann nämlich können sie sieben Jahrhunderte Stadtrechte begehen. Öfter noch, und zwar jedes Jahr aufs Neue, gedenkt man im westlichen Vorfläming mit Kranzniederlegungen des Gefechts bei Möckern. Das Datum hat sich unverrückbar in die Geschichte

Information Möckern
Am Park 3
39291 Möckern
Fon u. Fax (03 92 21) 609 64
www.moeckern.de

Veranstaltungen in Möckern:

Feb. Karneval
Mai (Pfingsten) Reiterfest
Okt. (3.10.) Parkfest
Nov. (11.11.) Festumzug zum Beginn der Karnevalssaison
Dez. Weihnachtsmarkt

Die Stadtpatronin

Möckerns eingraviert: 5. April 1813. Etwa fünf Monate vor den Kämpfen bei Großbeeren, am Hagelberg (↗) und bei Dennewitz (↗) standen sich unweit Möckern über 40.000 Franzosen sowie knapp 28.000 preußische und verbündete russische Soldaten gegenüber. Trotz der Übermacht der napoleonischen Einheiten, konnten die Alliierten das eigentlich aus mehreren Kampfschauplätzen bestehende Gefecht erstmals mit einem Sieg beenden. 2.700 Männer verloren damals ihr Leben, gut vier Fünftel davon waren jenseits des Rheins zu Hause gewesen.

Einige Denkmäler erinnern rund um Möckern noch immer an dieses wichtige Ereignis, mit dem Napoleons endgültige Niederlage in Europa eingeläutet wurde (↗ Radroute Möckern-Ladeburg-Vehlitz-Wallwitz-Zeddenick-Möckern, Seite 32).

Möckern blieb Zeit seiner Existenz ein kleines Landstädtchen, was sicher mit den vielen Schicksalsschlägen zu tun hat, die Stadt und Bürger zu verkraften hatten. 30-jähriger Krieg, Pest und verheerende Brände brachten ein ums andere Mal Elend für die Bewohner. Moderne Zeiten setzten 1892 ein, als Möckern Eisenbahnhaltepunkt wurde. Züge machen auch heute noch Halt, was den Transport eines Fahrrads erleichtert – für Möckern und Umgebung ein ideales Fortbewegungsmittel.

Schloss Möckern heute ...

Das Städtchen an der Ehle ist nicht sehr groß, und so lassen sich die Sehenswürdigkeiten bequem zu Fuß entdecken. Da ist zunächst das *Rathaus am Markt*. Ein Rathaus gab es in Möckern seit dem 17. Jh., der gegenwärtige Bau ist gut hundert Jahre alt. Er wurde 1894–95 im Neorenaissance-Stil errichtet und ersetzte den Vorgänger aus Fachwerk. Die ins erste Stockwerk führende Treppe markiert in geradezu herrschaftlicher Manier das Selbstverständnis einer städtischen Bevölkerung. Davor zieht seit 1995 eine moderne Plastik alle Blicke auf sich: die *Stadtpatronin* Möckerns, geschaffen vom Magdeburger Bildhauer Heinrich Apel. Ein Blick zur Krone, und scheinbar beginnt die Kopfbedeckung sich zu bewegen. Kleine originelle Figuren symbolisieren auf der Stadtmauer sitzend die traditionellen Gewerke der Stadt. Vom Rathaus ist es nur ein kurzer Weg, vorbei am *Hofmeisterhaus* – einem gut erhaltenen giebelständigen Fachwerkhaus aus dem 16. Jh. – zum *Schloss*.

Ältester Teil der ursprünglich von den Slawen als Wasserburg gebauten Anlage ist der über 1000 Jahre alte Bergfried. Zerstörungen im 30-jährigen Krieg führten im 18. Jh. zu umfangreichen Veränderungen durch den Schlossherrn Christian Wilhelm von Münchhausen – ein Namensvetter und weitläufiger Verwandter des als Lügenbaron bekannten Freiherrn von Münchhausen. Christian Wilhelm baute für seine Schwester Gertrudis vom Hagen ein eher schlichtes Haus im Stil des Barocks und versah den Turm mit der noch bestehenden geschweiften Haube. Von 1840 bis 1863 passte Graf Adalbert vom Hagen das Anwesen englisch-neogotisch seinem eigenen und dem herrschenden Zeitgeschmack an. Bei dieser Gelegenheit wurde das Schloss auch erweitert, etwa durch den dreigeschossigen Verbindungsbau zwischen Turm und Hauptgebäude. In etwas vereinfachter Form, ohne die einst so zahlreichen Ziertürmchen und -zinnen, dafür mit einigen baulichen Veränderungen nach 1950, dient die alte Schönheit inzwischen der Stadt als Grundschule. Außerdem lädt hier die *„Heimatstube 1813“* ein, sich näher mit dem bereits erwähnten Gefecht bei Möckern zu befassen.

... und einst

Beeindruckend sind die Bauten der alten *Brennerei* und des *Gutes* neben dem Schloss. Der landwirtschaftliche Betrieb wurde inzwischen von einem Nachkommen jener Familie vom Hagen übernommen, die 1945 in den Westen gehen musste.

Schlosspark

An das Schlossareal fügt sich der malerische *Schlosspark* an, dessen Entstehung auf die zweite Hälfte des 18. Jh.s zurückgeht. Als Schöpfer des Parks trat mit Friedrich Wilhelm von Erdmannsdorff ein bedeutender deutscher Archtitekt des Klassizismus' hervor, der befreundet war mit seinem Auftraggeber Ludwig Philipp vom Hagen, einem unter Friedrich dem Großen dienenden preußischen Minister. Auf dem großzügig bemessenen Areal entstand in Anlehnung an den Wörlitzer Park ein Garten, mit dessen Wegenetz, Teichen und Fließen der englische Landschaftspark auch im westlichen Fläming Einzug hielt. Reste der die Stadt einst schützend umgebenden *Wehrmauer* wurden in das unter Denkmalschutz stehende gärtnerische Werk integriert. Das schlichte *Teehaus* neben dem Schloss sowie das markante *Mausoleum* – erbaut anlässlich des Todes von Erika Gräfin vom Hagen, geb. von Itzenplitz, im Jahre 1906 – befinden sich innerhalb der Anlage.

Am Rand des Schlossparks liegt die *Stadtkirche St. Laurentius*. Ihre Geschichte reicht bis ins 10. Jh. zurück, genauer: 955, als das Gotteshaus erstmals in einer kaiserlichen Urkunde erwähnt wurde. Abgesehen vom romanischen Turm, der noch weitgehend dem Ursprungszustand entspricht, sind das Schiff und dessen Innenraum mehrfach verändert worden. Vor allem ein großer Brand 1688 machte einen umfassenden Wiederaufbau nötig. An

Heimatstube 1813 im Schloss Möckern mit Bergfriedbesteigung
Fon u. Fax (03 92 21) 609 64
Öffnungszeiten:
Mo–Do 8.00–12.00 und 13.00–16.00 Uhr
Fr 8.00–12.00 u. 13.00–14.30 Uhr
zu anderen Zeiten nach Absprache

Evangelisches Pfarramt
Kirchstraße 23, 39291 Möckern
Fon (03 92 21) 4 01
Fax (03 92 21) 94 27
http://home.t-online.de/home/Mvibrans/index.htm

Stadtkirche St. Laurentius

Grätzer Torturm

der Ostseite deutlich zu erkennen ist noch der Renaissance-Giebel von 1581 – ein seltener Anblick nordöstlich der Elbe. Auch das Innere des Kirchenschiffs sollte man bei einem Besuch Möckerns nicht versäumen. Der lichte Raum mit seinen Emporen und Ausschmückungen wird nach Terminabsprache mit dem Pfarramt gerne aufgeschlossen. Sehenswert ist ein Altar der Lucas-Cranach-Schule und ein Bild der Kreuzigungsszene. Es entstand um 1550 und wird der Schule Albrecht Altdorfers zugerechnet, einem der Wegbereiter der Landschaftsmalerei.
Nur wenige Schritte sind es von der Kirche zum *Grätzer Torturm*, einem Überbleibsel der ehemaligen etwa einen Kilometer langen Stadtbefestigung aus dem 11./12. Jh. In Grün, Gelb und Rot grüßt von der Höhe des Turms eine Fahne mit den Stadtfarben Möckerns. Entlang der Stadtmauer, beiderseitig von Wassergräben begleitet führt von hier links neben dem Fischteich ein reizvoller Weg in den Schlosspark hinein.

Das 278 km^2 große *Landschaftsschutzgebiet Möckern-Magdeburgerforth* zieht sich bis vor die Tore Ziesars an der Landesgrenze zu Brandenburg. Ausgedehnte Kiefern- und Buchenwälder mit Eichen-Einsprengseln sind Lebensraum für Wald liebende Arten wie etwa Dam- und Schwarzwild. Besonders schön ist der Waldboden im zeitigen Frühjahr, wenn die blühenden Anemonen, einem leuchtenden Teppich gleich, den Buchenwald in Besitz nehmen.
Die Region um Möckern öffnet dem Radwanderer gute Ausflugsmöglichkeiten, zu denen die Tourist-Information Möckern gerne Auskunft erteilt.

Radroute „Gefecht bei Möckern" : ca. 26 km (Karte S. 40 f.)
Möckern – Ladeburg – Vehlitz – Wallwitz – Zeddenick – Möckern
Von Möckern aus geht es zunächst in Richtung Gommern. Nachdem man die Stadt hinter sich gelassen hat, führt der im Volksmund genannte „Franzosenweg" nach Süden über die Alte Ziegelei nach **Ladeburg**. Am Ortseingang rechts, kommt man schon bald zum ersten *Denkmal* zur Erinnerung an die Schlacht. Den Augen öffnet sich ein weiter Blick ins Land. Die Ruhe täuscht darüber hinweg, dass das vor einem liegende Terrain vor bald 200 Jahren von einem blutigen Gefecht heimgesucht wurde. Nächstes Dorf ist **Vehlitz**, das wegen seiner Lage an der Ehle schwer umkämpft war. Der Weg dorthin ist mit zahllosen Obstbäumen gesäumt, die im Herbst die Mitnahme von Proviant überflüssig machen. Das *Denkmal* am östlichen Ortsausgang von Vehlitz, hinter der Brücke ist das größte und auch auffälligste, dank des preußischen Adlers, der sich mit ausgebreiteten Schwingen des Steins

bemächtigt hat. Auch **Wallwitz** hält mit einer Gedenktafel an der Kirche die Erinnerung an das Gefecht bei Möckern wach. Sehenswert am Dorfrand ist die eigenwillige *Feldsteinwindmühle*. Durch das blütenreiche **Zeddenick** geht es wieder zurück nach Möckern. Über den Zeddenicker Weg treffen wir hier auf das vierte Memorial zu Ehren der Schlacht in der Yorkstraße, einen Feldstein-Obelisken (am westl. Ortsanfang an der B 246). Bleibt sicher zu vermuten, dass wir heute wahrscheinlich nicht so viele Hinweise zu dem Gemetzel hätten – wäre Frankreich damals als Sieger vom Feld gegangen.

Feldsteinwindmühle Wallwitz

Radroute zu Schloss Wendgräben: ca. 18 km (Karte S. 40 f.)
Diese abwechslungsreiche Tour führt über den Lochower Weg erst ins drei Kilometer entfernte Lochow und zu seinen großen *Fischteichen*.

Weiter in Richtung Osten stößt der Radwanderer auf eines der beeindruckendsten Bauwerke im Fläming: *Schloss* **Wendgräben**. Nach einem Plan von Hermann Muthesius ließ sich die Familie von Wulffen 1910–12 hier in den Wäldern zwischen Möckern und Loburg ein burgähnliches Herrenhaus errichten. Behauene Fläming-Findlinge fügen sich seither zu einem imposanten Gebäude zusammen. Mit etwa 60 Zimmern bot das wulffensche Anwesen Platz en masse – vom Ankleidezimmer bis zur Bibliothek. Der an einen Bergfried erinnernde Turm war nicht nur spielerische Staffage, sondern diente als Wasserturm. Diese Nutzung gehört der Vergangenheit an, heute sind hier auf mehreren Etagen Räume untergebracht. Über dem Westeingang im Dreiecksgiebel grüßt das Wappentier der einstigen Besitzer den Besucher. Das einen Wolf darstellende Relief schuf der deutsche Bildhauer und Zeichner Gerhardt Marcks (geb. 1889 Berlin, gest. 1981 Burgbrohl), Weggefährte Walter Gropius' am Bauhaus und von 1925–28 Leiter der Kunstgewerbeschule Halle-Giebichenstein.

Schloss Wendgräben

Terrasse, Garten und Wasserspiele fungieren als von Menschenhand geschaffene Brücke zum waldgesäumten Wiesenland im Süden. Allzu lange hat sich die Familie von Wulffen nicht an der herrlichen Anlage mit ihren wohltuenden An- und Aussichten erfreuen können. Als Wohnsitz diente Wendgräben bis 1939, dann sechs Jahre der Wohlfahrt. Nach dem Krieg

Bildungszentrum
Schloss Wendgräben
Wendgräbener Chaussee 1
39279 Wendgräben
Fon (03 92 45) 952-0
Fax (03 92 45) 952-206
E-Mail: zentrale-wendgraeben@ pbwg.kas.de

Park Wendgräben

bis 1991 gingen hier Schüler ein und aus, bis die Konrad-Adenauer-Stiftung das Anwesen kaufte und umfassend sanierte. Das einstige Herrenhaus ist heute nicht nur Bildungszentrum, auch der normale Fläming-Reisende kann hier über Nacht bleiben und die wunderbare Ruhe genießen.

Eine Besonderheit in Wendgräben ist die *Wildgeflügelfasanerie* (in Richtung Loburg: an der Kreuzung, wo es rechts nach Zeppernick geht, links einbiegen). Auf dem 4,5 ha großen Gelände werden Fasane zum Auswildern, Wildenten und japanische Legewachteln gezüchtet. Haben Sie schon mal Wachteleierlikör probiert? In Wendgräben kein Problem – und als Souvenir kann man sich auch ein paar Flaschen mitnehmen. Vielleicht eine lebende Wachtel für den Garten oder mehrere Wachtelfrühstückseier? Der kleine Laden macht's möglich.

Wildgeflügelfasanerie Wendgräben
39279 Wendgräben
Fon u. Fax (03 92 45) 27 68
Öffnungszeiten:
Fr 14.00–17.00 Uhr
Sa 9.00–12.00 Uhr
Um sicher zu gehen, dass die Fasanerie geöffnet ist, bitte vorher anrufen. Zu anderen Zeiten Termin ausmachen.

Von Wendgräben führt der Weg durch einen Wald, vorbei an Mooreichen und Esskastanien, zurück nach Möckern – hier zeigt sich die Landschaft des Flämings von einer ihrer schönsten Seiten.

Hermann Muthesius – Architekt von Wendgräben

Geboren wurde der spätere Architekt am 20. April 1861 im thüringischen Groß Neuhausen bei Kölleda. Muthesius studierte Kunstgeschichte, Philosophie und Architektur in Berlin und Charlottenburg. Er arbeitete 1887-91 in Tokio (Bauleitung bei Regierungsgebäuden) und war 1896-1903 Botschaftsattaché in London, um sich mit englischer Architektur und Formgebung zu befassen. Seine Veröffentlichungen zum englischen Landhaus, allen voran seine drei Bände „Das englische Haus" galten seinerzeit als Standardwerke. Kunst und Kunsthandwerk zu vereinen, Baumaterialien und Ästethik zu verschmelzen, das waren seine Maßstäbe, die letztlich in der Gründung des an Sachlichkeit orientierten Deutschen Werkbundes mündeten. Muthesius gilt damit als einer der Wegbereiter des modernen Designs in Deutschland. Zu seinen Architekturarbeiten zählten u. a. Villen für das wohlhabende Bürgertum in Berlin-Zehlendorf und Dresden sowie Kaufhaus- und Industriegebäude. Hermann Muthesius starb am 26. Oktober 1927 in Berlin.

LOBURG

Das kleine Städtchen in der Ehle-Niederung

Der idyllische Ort wartet mit einigen Sehenswürdigkeiten auf, darunter das Rathaus, die Pfarrkirche St. Laurentius mit dem malerischen Schulplatz, eine Basilika-Ruine und das ehemalige Burggelände mit Bergfried.
Die zweite Silbe des Stadtnamens lässt schon erahnen, worauf die Gründung des Ortes beruht. Und richtig, bereits in der Zeit des 8. bis 10. Jh.s besaßen die ortsansässigen Slawen hier eine Wallburg. Schon im Jahr 965 tauchte „Luborn" in einer Urkunde auf. Die Lage war seit jeher strategisch bedeutsam, schließlich vereinten sich hier die beiden Straßen von Brandenburg/Havel und Burg kommend in Richtung Zerbst. Ein künstlich angeschütteter Hügel diente der kleinen Festung im flachen sumpfigen Ehletal als Grundlage. Gegen Ende des 16. Jh.s verlor die Loburg ihre Verteidigungsfunktion. Einziges erhaltenes Relikt ist der etwa 30 Meter hohe *Bergfried*, errichtet etwa in der Mitte des 13. Jh.s.
Auf dem Gelände der ehemaligen Burg weitet eine kleine *Heimatstube* den Blick auf die Lebensweise vergangener Zeiten.

Trotz Stadtrechten und guter Verkehrsanbindung verharrte Loburg auch nach der Einführung der preußischen Kommunalverwaltung in der Position eines ländlichen Ackerbürgerstädtchens. Selbst der Bahnanschluss (1892) und die zeitweilige Funktion als Kreisstadt (1870–77 und 1952–57) konnten daran nur wenig ändern. Heute ist Loburg Mittelpunkt der gleichnamigen Verwaltungsgemeinschaft einschließlich der umliegenden Gemeinden mit insgesamt 6.500 Einwohnern.
Es ist erfreulich, dass die Besucher noch immer mit der Bahn in diesen Teil des Flämings reisen können. Wer sich und sein Fahrrad im Zug nach Loburg bringt, dem begegnen am *Bahnhof* noch die in ihrem ursprünglichen Zustand erhaltenen Anlagen des ausgehenden 19. Jh.s. *Wasserturm und Lokschuppen* aus Backstein sowie der Wasserkran sind typische Baudenkmale des auflebenden Bahnzeitalters. Der *Arbeitskreis Loburger Bahn e. V.* arbeitet hier mit Liebe zum Detail alte Fahrzeuge auf und veranstaltet jedes Jahr historische *Dampflokfahrten* und Feste. Eine Ausstellung zur regionalen Eisenbahngeschichte sowie zu historischen Fahrzeugen und Bahnutensilien lassen die Herzen aller Freunde des Dampfrosszeitalters höher schlagen.

Stadtverwaltung Loburg
Markt 1, 39279 Loburg
Fon (03 92 45) 948-25
Fax - 948-19
www.loburg.de
Private Stadtinformation: B. Stöhr
Dammstraße 23/25, 39279 Loburg
Fon u. Fax (03 92 45) 20 22

Veranstaltungen in Loburg:
Juni (Mitte) Stadtfest
Sept. (1. Wochenende) Burgfest

Münchentorturm Loburg

Arbeitskreis Loburger Bahn e. V.
Chausseestraße 4a Lokschuppen
39279 Loburg
Fon u. Fax (03 92 45) 20 42
http://members.aol.com/loburgerbahn/
Öffnungszeiten der historischen Eisenbahnsammlung: Mai bis Sept. jeden 3. Sa 14.00–18.00 Uhr und nach Vereinbarung
Wasserturm und Lokschuppen

Ruine der Kirche „Unser Lieben Frauen"

Heimatstube Loburg
Irmgard u. Werner Jahnke
Neue Straße 26, 39279 Loburg
Fon (03 92 45) 24 94
Besichtigung nach Anmeldung

Auf dem Weg über Bahnhof- und Dammstraße in die Innenstadt passiert man die linker Hand stehende Ruine der *Kirche „Unser Lieben Frauen"* (2. Hälfte des 12. Jh.s, um 1900 als Ruine restauriert). Mächtige von Arkaden und Fensteröffnungen durchbrochene Umfassungsmauern und Teile des Turms sind der ehemals dreischiffigen romanischen Basilika geblieben. Dem aufmerksamen Besucher wird nicht entgehen, dass die Rundbögen auf unterschiedlich geformten Stützpfeilern ruhen, runden, recht- und achteckigen. Der Ruine verdankt die Stadt ihre Lage an der touristischen „Straße der Romanik".
Weltliches Zentrum Loburgs ist das *Rathaus am Markt*, 1747 gebaut und damit auch schon über 250 Jahre alt. Von der *Stadtbefestigung* und den drei Toren, die die Bürger einst vor feindlicher Übernahme bewahrten, stehen noch der *Münchentorturm* und kleine Mauerreste an der *Pfarrkirche St. Laurentius*. Sie besteht aus drei Teilen – Turm, Schiff und Chor. Das älteste Mauerwerk des Turmunterbaus stammt noch aus dem 10. Jh. St. Laurentius ist im Kern gotisch. Im 16. Jh. zunächst dem Verfall preisgegeben, machte man sich 1569 an den Wiederaufbau. Das Obergeschoss des Turms besitzt seither ein Backstein-Mauerwerk mit einem Abschluss, bei dem zwei Spitzhelme einen breiten Mittelturm mit Schweifdach flankieren (Hauptspitze 1681 nach Unwetter erneuert).

Pfarrkirche St. Laurentius

Den Schlüssel zur Kirche gibt es nach vorheriger Anmeldung:
Evangelisches Pfarramt
Markt 2, 39279 Loburg
Fon (03 92 45) 68 169 oder
Jugendbegegnungszentrum
Schulhof 5, Fon (03 92 45) 27 69
Gottesdienst immer So 10.00 Uhr

Die Arbeiten an Schiff und Chor konnten 1584 beendet werden. Die Fenster sind spitzbogig gotisch gehalten, wohingegen die Ost-Giebel geradezu verschwenderisch dem Geschmack der Renaissance frönen. St. Laurentius hat eine sehr sehenswerte Ausstattung. Hervorzuheben ist die *Orgel*, ein Werk des begnadeten mecklenburgischen Orgelbaumeisters Andreas Kahrling, den man auch „Silbermann des Nordens" nennt. Sein 1705 fertig gestelltes Instrument zählt mit seiner reich verzierten Schauseite (Prospekt) zu den wertvollsten Barockorgeln Norddeutschlands. Der *Schulplatz*, gleich neben der Kirche, ist mit seinen Fachwerkhäusern einer der schönsten Winkel Loburgs.
Loburgs Lage in der feuchten Ehle-Niederung ist es zu verdanken, dass man hier auf Störche trifft, die im übrigen Fläming eher seltene Gästen sind. Leider kommt es immer wieder vor, dass die Tiere den Unwägbarkeiten der modernen Zivilisation ausgesetzt sind und sich, etwa an Strommasten, verletzen. Seit den Siebzi-

Der Schulplatz

gerjahren des 20. Jh.s kümmert man sich im *Loburger Storchenhof* um diese Tiere und päppelt sie auf, um sie nach ihrer Genesung wieder in die Natur zu entlassen. Inzwischen ist der Storchenhof als staatliche Vogelschutzwarte des Landes Sachsen-Anhalt tätig. Etwa 80 Störche werden jedes Jahr auf dem Gelände am Stadtausgang in Richtung Ziesar gesund gepflegt. Bei Führungen vermittelt der Storchenhof viel Wissenswertes u. a. über Aufzucht, Lebensweise und Schutz dieser faszinierenden Zugvögel.

... noch einige Tipps: etwa ein Besuch einer *Kornbrennerei*. Sie befindet sich am Stadtrand in Richtung Zerbst. Bei einer Führung teilt man hier gerne sein Wissen mit über die Herstellung von Hochprozentigem und die Bereitung von Likör – Verkostung der Branntprodukte inklusive.

Und schließlich: Wer sich in der Spargelzeit in den Vorfläming begibt, sollte nach **Rosian** fahren (Richtung Belzig, nach 5 km rechts von der B 246 abbiegen). Auf etwa zehn Hektar breiten sich hier *Spargelfelder* mit ihren typisch angehäuften Reihen aus. Nicht vergessen wollen wir an dieser Stelle außerdem die Rosianer *Dorfkirche*, in der 1853 der Schriftsteller Martin Anton Niendorf zum Traualtar ging (↗ Niemegk).

Ungefähr 10 km südlich von Loburg liegt das etwa 1.250 Einwohner zählende **Lindau** (Anhalt). In dem kleinen, seit 1852 mit Stadtrechten versehenen Ort stehen die Überreste einer *Burg*, deren Gründung zwar nicht belegt ist, vermutlich aber bis ins 9. oder 10. Jh. zurückreicht. Die Lindauer Feste bestand aus einer Ober- und einer Unterburg, beides zusätzlich umgeben von schützenden Wällen und Gräben. Zu sehen sind noch die *Umfassungsmauern der Oberburg*, das *Eingangstor* und der mächtige *Bergfried*. Wir verdanken dies dem Anhaltiner Herzog Leopold Friedrich, der die Ruine 1863 restaurieren ließ und damit für die Nachwelt sicherte. Pflanzenfreunde sollten dem Burghang ihre besondere Aufmerksamkeit schenken. Er ist dicht bewachsen mit einer artenreichen Flora. Holunder, Feuerdorn, Sommerflieder, Disteln und zahlreiche weniger bekannte Arten schmücken den umlaufenden Hang von Frühjahr bis Herbst mit einer vielfältigen Blütenpracht. Es lohnt sich, ein Artenbestimmungsbuch dabei zu haben. Von der Ruine aus schwenkt der Blick über die saftigen grünen Wiesen der Umgebung.

Der Ort Lindau selbst war stets nur ein Flecken mit regionalem Stellenwert. Von historischer Bedeutung ist neben der Burgruine die *Feldsteinkirche*, im 12. Jh. geweiht, danach noch mehrmals verändert. Lindau verfügt über einen Bahnhof und so bietet es sich an, hier samt Fahrrad den Zug zu verlassen, um die Region per Drahtesel zu bereisen.

Kornbrennerei

Loburger Brennerei GmbH
Lindauer Straße, 39279 Loburg
Fon (03 92 45) 22 44 Fax -25 04
Führung u. Verkostung ab 5 Pers.

Storchenhof Loburg
Chausseestraße 18, 39279 Loburg
Fon (03 92 45) 22 74
Führungen tägl. 10.30, 14.00, 15.00 Uhr

Spargelhof Brüning
Dorfstraße 8, 39279 Rosian
Fon (03 92 45) 34 24

Burgruine Lindau

LEITZKAU

Renaissance in Reinkultur

**Förderkreis Kultur- und Denkmalpflege Leitzkau e. V.
Am Schloß 4, 39279 Leitzkau
Fon (03 92 41) 41 68
Führungen telefonisch erfragen**

**Informationen zu Leitzkau auch:
Stadtverwaltung Loburg
Markt 1
39279 Loburg
Fon (03 92 45) 948-25
Fax -948-19**

**Veranstaltungen in Leitzkau:
Aug. (letztes Wochenende) Leitzkauer Country-Fest
Sept. (2. Wochenende) Leitzkauer Töpfermarkt**

Wer von Loburg auf der Straße der Romanik in Richtung Magdeburg fährt, erreicht nach ca. 12 km Leitzkau. Unübersehbar beherrscht von Weitem eines der bedeutendsten kulturhistorischen Baudenkmäler des mittleren Elbe-Raums die westlichen Ausläufer des Flämings: *Schloss Leitzkau*. Der Name trifft fraglos nicht ganz den Kern, da sich die weitläufige Anlage aus mehreren beeindruckenden Teilen zusammensetzt. Jeder für sich genommen rechtfertigt schon einen Ausflug nach Leitzkau.
Die Geburtsstunde des Ortes schlug urkundlich am 18. August 995, als Kaiser Otto III. hier sein Heer im Kampf gegen die Slawen versammelte. Mit den Deutschen kam später auch das Christentum in den Fläming und in dessen Gefolge der Bischof von Brandenburg. Die Gründung eines Prämonstratenser-Stifts (1138) und die Weihe einer Stiftskirche wenig später (1155) gelten als Grundstein für das heutige Bauensemble. 1564, der Verfall hatte dem Kloster bereits deutlich zugesetzt, übernahm Hilmar von Münchhausen für 70.000 Taler die maroden Gebäude (↗ Möckern). Die Münchhausens kamen aus Niedersachsen und bauten Kloster Leitzkau zu einem prachtvollen Schloss um. Bekannt geworden ist der Architekturstil, die räumliche Herkunft der Bauherren aufgreifend, unter dem Begriff „Weser-Renaissance", deren Verbreitung in Leitzkau an ihre Ost-Grenze stößt.

Von den ehemals vier großen Baukörpern existieren noch drei. Im Zweiten Weltkrieg wurde das so genannte Althaus schwer beschädigt und später weitgehend abgetragen. Erhalten ist ein achteckiger Treppenturm, ein Giebel vor dem Querhaus der Basilika sowie die beeindruckende Loggia, die das Althaus mit dem Hobeck-Schloss verband. Das Hobeck-Schloss, weiß getüncht und deutlich am Fachwerk zu erkennen, entstand bereits im ausgehenden 15. Jh. und wurde unter den Münchhausens umgebaut.

Schloss Leitzkau

Renaissance par excellence haben wir beim „Neuhaus" vor uns. Typisch sind die verspielt geschweiften Zwerchhäuser, gemeint sind damit die quer zum Dach angeordneten Giebel (das Wort „zwerch" kommt aus dem Süddeutschen und bedeutet „quer"). Das Neuhaus ist Sitz der sachsen-anhaltinischen Stiftung Schlösser, Burgen und Gärten. Drittes und ältestes Bauwerk der weitläufigen Anlage ist die ehemalige Prämonstratenser-Stiftskirche „Sancta Maria in Monte“. Von der mächtigen dreischiffig-kreuzförmigen, einst doppeltürmigen Basilika haben wesentliche Teile die baulichen und kriegsbedingten Eingriffe der Vergangenheit überstanden (Hauptschiff, südl. Seitenschiff, Westwerk mit einem Turm). Die Basilika ist im Sommer historische Kulisse für Konzerte. In den Räumen von Schloss Hobeck treffen sich das ganze Jahr über Kunstinteressierte ebenfalls zu Musikvorführungen, aber auch zu Lesungen und Ausstellungen.

Vor dem beeindruckenden Hintergrund der beschriebenen Bauten wollen wir die Leitzkauer *Dorfkirche St. Petri* nicht vergessen. Immerhin zählt sie zu den ältesten erhaltenen Sakralgebäuden östlich der Elbe. Gegründet wurde sie vom Brandenburger Bischof Harbert im Jahre 1107, damals noch als Holzkonstruktion, die schon 1114 durch einen massiven Bau aus Stein ersetzt wurde. Ihr heutiges Aussehen beruht auf Veränderungen im 17. und 18. Jh.

Das Neuhaus

Evangelisches Pfarrhaus Leitzkau
Kirchstraße 1, 39279 Leitzkau
Fon (03 92 41) 290
Dorfkirche täglich geöffnet

Die findige Amalie von Leitzkau

Mit siebzehn heiratete sie auf Geheiß der Mutter den zweiten Stallmeister am Weimarer Hof, Christoph von Werthern. Die Rede ist von Amalie, der Schwester Georg von Münchhausens. Der frisch gebackene Ehemann war zwanzig Jahre älter und im Gegensatz zu seiner hübschen Frau gänzlich unbeleckt von kulturellen Neigungen. Außerdem wird ihm nachgesagt, er habe sich nicht angemessen um seine kunstsinnige Gattin gekümmert. Kein Wunder also, dass Amalie sich eine List ersann, um ihren Partner loszuwerden. Doch nicht Gift, nicht Dolch richtete sie gegen ihn, nein, sie täuschte ihren eigenen Selbstmord vor. Man zählte das Jahr 1785. Bei dem Begräbnis in Leitzkau lag aber nicht sie selbst, sondern eine Gipsbüste mit Strohsack im Sarg. Als später jemand dem Herrn von Werthern berichtete, seine vermeintlich tote Gattin sei leibhaftig gesehen worden, eilte dieser nach Leitzkau, um den Inhalt des Grabes genauer zu inspizieren. Und tatsächlich – seine Frau hatte ihn offensichtlich schändlich hintergangen. Und was wurde aus der findigen Amalie? Sie ließ sich scheiden, um mit ihrem Geliebten Johann August von Einsiedel erneut vor den Traualtar zu treten. Richtig beerdigt wurde sie auf Burg Scharffenstein im Erzgebirge. Mehr aus dem bewegten Leben von Amalie erfährt man bei einer Führung durch Schloss Leitzkau.

Pabsdorf
Lüttgenziatz
Stegelitz
Ziegelei
Tryppehna
246
Ziepel
MÖCKERN
Wendgräben
Bhf. Zeddenick
Vorwerk
Zeddenick
Ehle
Landhaus
Siedlung
Grätzer Hof
246
Zeppernick
Wallwitz
Lütnitz
Dalchau
Vehlitz
Brietzke
Kalitz
Ziegelei
246a
Ziegelei
Vehlitz
Ehle
Ladeburg
Hobeck
Göbel
Zieper Kehle
Dannigkow
Hohenlochau
Kressow
Leitzkau
184
Neuer Krug
Prödel
Dornburg

Glienicke
enziatz
Altengrabow
Branden-
burg
Riesdorf
Lübars
Ehemaliges
militärisches
Sperrgebiet
historische Dampflokfahrten
Bomsdorf
Sachsen-Anhalt
Storchenhof
LOBURG
246
Schweinitz
Ehle
Rottenau
Ehle
Rosian
Isterbies
Diesingshof
pps
Wahl
Nedlitz
Lietzo
Deetz
Nuthe
Quast
Deetzer
Teich
Neue Sorge
LINDAU (Anhalt)
Vordamm
Tourist-Information
Windmühle
Burg/Schloss
Radroute S. 33/34
Radwanderweg S. 32/33
0
5 km
N

ZWISCHEN FIENER BRUCH UND HOHEM FLÄMING

Erkundungen in und um Ziesar

Wir befinden uns hier in den nördlichen Ausläufern des Flämings, dort, wo die Landschaft sachte in die Ebene des Fiener Bruchs übergeht. Das Fiener Bruch wird im Norden gemeinhin als natürliche Grenze des Flämings angesehen. Die feuchte Niederung blieb bis heute weitestgehend unbesiedelt, trotz der Entwässerungsbemühungen und Urbarmachung unter Friedrich dem Großen im 18. Jh.

Südlich von Ziesar steigt das Terrain langsam in Richtung Görzke/Wiesenburg an. Wälder gewinnen hier an Bedeutung, wie auch rund um Magdeburgerforth, dessen Name bereits auf ein politisch wechselndes Vorzeichen hindeutet – nur wenig westlich der einstigen Burg- und Bischofsstadt Ziesar beginnt schon das zu Sachsen-Anhalt gehörende Jerichower Land.

An der Landesgrenze endet nicht nur Brandenburg, sondern auch der Naturpark Hoher Fläming. Das Großschutzgebiet harrt auf der ebenso reizvollen sachsen-anhaltinischen Seite noch der Fortsetzung. Unbeeindruckt von Grenzen, wollen wir uns in diesem Kapitel einem Landstrich widmen, dessen Vielfalt es noch zu entdecken gilt.

Die nächsten Bahnhöfe liegen außerhalb der Region im Norden (Wusterwitz, Brandenburg, Genthin) und Süden (Wiesenburg).

Blick auf Ziesar

Breiter Weg in Ziesar

ZIESAR

Eine Bischofsmütze weist den Weg

Im weiten Bogen führt die Bundesstraße 107, Genthin-Wiesenburg, um Ziesar herum. Das historische Zentrum der einzigen Stadt im nördlichen Vorfläming bleibt so vom Autoverkehr, der in dieser Gegend aber ohnehin nur spärlich fließt, verschont. Knapp 2.200 Einwohner hat Ziesar, das dank voranschreitender denkmalpflegerischer Sanierung von Jahr zu Jahr ansehnlicher wird. Burg und Burgkapelle, Stadtkirche, ehemaliges Kloster und etliche frisch renovierte Bürgerhäuser prägen das Gesicht der Stadt, deren überlieferte Geschichte als „Ezeri“ im Jahre 948 beginnt. Der Name ist slawischen Ursprungs. Ausgesprochen wird es heute „Zie-é-sar“, mit Betonung auf der zweiten Silbe.

Nach dem großen Slawenaufstand 983 verliert sich die Spur der zum Bistum Brandenburg gehörenden Region um Ziesar vorerst wieder im Dunkel der Geschichte. Erst mit der großen deutschen Ostexpansion unter Albrecht dem Bären im 12. Jh. tauchen erneut historische Belege auf. Ziesar wurde schon früh brandenburgisch-bischöflicher Wohnsitz und 1459–1560 sogar ständige Residenz. Bis 1571 blieb das Schloss in bischöflichem Besitz. Im Zuge der Reformation wurde es in eine kurfürstliche Domäne umgewandelt. Die Siedlung bei der Burg bekam bereits 1337 magdeburgisches Stadtrecht verliehen. Wehrhaft war sie bald von einer Wallanlage mit vier Stadttoren umgeben, deren Abriss aber schon im 17. Jh. weit vorangeschritten war. Straßennamen halten die Erinnerung wach: Wallgraben, Brandenburger Tor, Petritor, Mühlentor, Frauentor. Bis 1772 war Ziesar mit eigenem Kreis Teil der Mark, dann kam es an Magdeburg. Politisch änderte sich dadurch nur wenig, denn die Zugehörigkeit zu Preußen blieb bestehen. Als Teil der preußischen Provinz Sachsen wurde Ziesar nach dem Zweiten Weltkrieg dem Land Sachsen-Anhalt zuge-

Tourismusbüro Ziesar
Mühlentor 16
14793 Ziesar
Fon (03 38 30) 219
Fax -611 50
Mai bis Sept.
Mo–Do 9.30–18.00 Uhr
Sa, So, feiertags 13.00–17.00 Uhr
Okt. bis Apr.
Mo–Do 8.00–16.00 Uhr
Fr 8.00–14.30 Uhr

Veranstaltungen in Ziesar:
Mai/Juni Burgfest

Besteigung des Bergfrieds
Öffnungszeiten:
wie Tourismusbüro
für Gruppen nach Vereinbarung
auch zu anderen Zeiten

schlagen. Mit der Länderneuregelung 1990 kam Ziesar schließlich zu Brandenburg. Als Ackerbürger-, Handwerker- und Marktort besaß Ziesar zwar eine zentrale Bedeutung für die Menschen der Umgebung, die Hauptverkehrsverbindungen machten aber größtenteils einen Bogen um die Stadt, sodass die wirtschaftliche Entwicklung bescheiden blieb. Von größerer Bedeutung war nur die Postkutschenroute Kleve-Berlin, die 1660–1818 durch Ziesar führte. Auf den einstigen Bahnstrecken nach Wusterwitz, Burg, Güsen, Loburg und Görzke – ab dem ausgehenden 19. Jh. in Betrieb genommen – werden heute keine Fahrgäste mehr transportiert. Und dass Ziesar nicht an der überregionalen Eisenbahn-Trasse Berlin-Magdeburg liegt, beruht auf der einstigen Ablehnung seiner Bewohner. Aufschwung brachte erst die 1936 fertig gestellte Autobahn, von der Ziesar heute profitiert und die es leicht macht, in den nördlichen Fläming zu kommen.

Südlich vom Stadtzentrum liegt die frühere bischöfliche *Burg*, leicht zu erkennen am mittelalterlichen *Bergfried* (um 1200). Der 35 Meter hohe Turm wurde 1539 mit einer Bischofsmütze als Abschluss „gekrönt" – deutlicher Hinweis auf die damalige Nutzung. Eine steile 126-stufige Treppe führt zur Aussichtsplattform hinauf. Vitrinen in den Zwischengeschossen zeigen Töpferwaren aus dem 20. Jh., Beleg für die Töpfertradition Ziesars, die mit dem Erschöpfen der regionalen Tonvorkommen 1939 sowie der Schließung der letzten Töpferei 1955 ihr Ende fand.

Die Burg erhebt sich auf einer ehemaligen Halbinsel, die in einen inzwischen verlandeten See hineinragte. Was wir heute vor uns haben, ist im Wesentlichen die einen Innenhof umschließende bischöfliche Hauptburg. Mit deren Erweiterung wurde wahrscheinlich im 14. Jh. begonnen, die ständigen Umbauten bis ins 20. Jh. hinein haben aber deutlich Spuren hinterlassen. Fenster wurden immer wieder verändert, das Baumaterial wechselt zwischen Feld- und Backstein.

Giebel der Burgkapelle

Burgkapelle

Kulturhistorisch herausragend ist die *Burgkapelle* neben der Tordurchfahrt. Von Norden, massiv mit Stützpfeilern und fast ohne Fenster, ist sie kaum als Sakralbau zu erkennen.

Im Innern beeindruckt die Kapelle durch die aufwändig gestalteten flächenhaften Ausmalungen mit Ranken an den Wänden sowie dreidimensional vorgetäuschten Ornamenten im Gewölbe.

Weiteres beachtenswertes Ausstattungsstück, neben den Emporen, ist das Sandsteinrelief in der Altarwand. Es zeigt die Heiligen Petrus, Aegidius, Paulus, Andreas und Wenzeslaus, denen – wie die Inschrift besagt – Bischof Dietrich von Stechow die Burgkapelle nach ihrer Fertigstellung 1470 geweiht hat. Die kleine Ziesarer katholische Gemeinde hält in der Burgkapelle seit 1952 ihre sonntäglichen Gottesdienste ab.

Nördlich der Burg ragt der *Storchenturm* über die Bäume hinaus, so genannt, weil sich hier jedes Frühjahr Meister Adebar einfindet. Der Backstein-Rundling ist der einzige von ehemals sieben Wehrtürmen und Teil der im 19. Jh. eingeebneten Vorburg.
In seiner Funktion als Kerker hat so mancher Gefangene des Mittelalters hier geschmachtet. Bekanntester Insasse war Caspar Gans Edler Herr zu Putlitz, der sich zu Beginn des 15. Jh.s gegen den ersten Hohenzollern der Mark Friedrich I. auflehnte und seine Rebellion daraufhin mit mehrjähriger Haft büßte (↗ Putlitz in Bd. Die Prignitz). Auch Fritz Reuter war einst Gefangener in der Stadt, nicht aber hier im Turm, sondern in einem Gasthof (↗ Belzig).

Der Storchenturm steht am Westrand des Ziesarer *Stadtparks*, der die Burg östlich angrenzend umgibt. Am Nordrand des Parks, in der Straße „Mühlentor" befindet sich das so genannte *Wohnhaus Friedrichs des Großen*. Der König ließ das Gebäude 1775 errichten, in der Absicht, hier auf seinen Inspektionsreisen nach Magdeburg zu übernachten. Logie soll der Monarch hier allerdings keine genommen haben. Die Überlieferung weiß zu berichten, dass der Baumeister sich durch den königlichen Auftrag so sehr bereicherte, dass er sich selbst in Sichtweite eine schöne Bleibe errichten konnte. Friedrich soll diesen Umstand als Schmach empfunden und sein eigenes Haus in Ziesar daher nie betreten haben. Das Gebäude ist heute *Sitz des Tourismusbüros der Stadt* sowie des *Heimatmuseums*.

Durch die Schloßstraße geht es direkt in die Stadtmitte. Zentraler Platz ist der „Breite Weg". Kleinstädtische Idylle mit verputzten *Ackerbürgerhäusern* und ein 1828 errichtetes *Rathaus* mit neogotischem Schaugiebel heißen den Besucher willkommen. Am westlichen Ende rund um die *Stadtkirche St. Crucis* zeigt sich Ziesar von seiner malerischsten Seite. Etwa 700 Jahre ist das Gotteshaus alt.

Storchenturm

Heimatmuseum Ziesar
Mühlentor 16, 14793 Ziesar
Fon und Öffnungszeiten:
siehe Tourismusbüro
Die kleine Ausstellung vermittelt Wissenswertes zur Heimatgeschichte. Ein Modell lässt das Stadtmuster des Jahres 1700 wieder aufleben.

Ev. Pfarramt Ziesar
Breiter Weg 3, 14793 Ziesar
Fon (03 38 30) 419

Stadtkirche St. Crucis

Zisterzienser-Nonnenkloster St. Maria

Kennzeichnend ist die ausgeprägte Kreuzform mit einschiffiger Halle, Chor, Apsis und Querschiff. Im Vergleich zu seiner Umgebung wirkt die vollständig in Feldsteinmauerwerk ausgeführte Kirche sehr wuchtig. Backstein finden wir an den im 14. Jh. durchbrochenen gotischen Spitzbogen-Fenstern in der Apsis und dem gesimsartigen Kreuzbogenfries, der zeitgleich mit dem Ausbau des neoromanischen südlichen Querschiffs 1860 eingesetzt wurde. Das Innere von St. Crucis wurde damals ebenfalls vollkommen umgestaltet und mit Emporen versehen. Herausragende Ausstattungsstücke sind die Epitaphe für die Gebrüder Kote – im 14. Jh. gestorben, der eine Ritter, der andere Bischof, in voller Rüstung mit Schild und Wappen im Stein eingraviert.
Zeitweise diente die Ziesarer Stadtkirche dem im 14. Jh. gegründeten *Zisterzienser-Nonnenkloster St. Maria*, das bis zur Reformation Bestand hatte. Zwei rechtwinkelig angeordnete Bauten sind erhalten und verleihen dem Platz seinen besonderen historischen Charme.

Das *Fiener Bruch*, oder einfach „der Fiener", nördlich von Ziesar ist als Niederung zwischen zwei eiszeitlichen Sanderzonen Teil des Baruther Urstromtals. Die Herkunft des Namens ist unbekannt. Bis ins 18. Jh. hinein war das sumpfige Flachland bewaldet und wurde vom Adel zum Holzeinschlag genutzt. Dann wurde der Fiener auf Anordnung Friedrichs des Großen gerodet und trockengelegt. Noch immer durchziehen zahllose Entwässerungsgräben den Landstrich. Die einzige Straße, die das Gebiet querte, war lange Zeit der so genannte Fiener Damm zwischen Ziesar und Rogäsen.
Der Sage nach soll hier ein Ungeheuer gesessen haben, dass nur solche Menschen passieren ließ, die Zähne im Mund hatten – für Kleinstkinder und Alte ein schwieriges Unterfangen. Doch man fand heraus, dass sich das Scheusal überlisten ließ. Wer also von Ziesar nach Rogäsen oder Zitz wollte, klemmte sich einfach einen Knochen in der Mund. Farblich den Zähnen gleich, erkannte das Ungeheuer den Unterschied nicht und soll daraufhin Durchlass gewährt haben.

Von den seichten Höhen, etwa vom sachsen-anhaltinischen Paplitz, eröffnen sich schöne Blicke über die vornehmlich als Wiesen- und Weideland genutzte Ebene. Von Ziesar führt ein Weg, beginnend über Lindenstraße/Kobserweg, quer durch das Bruch zum sechs Kilometer entfernten **Zitz**. Von der dortigen *Anhöhe* erkennt man im Süden jenseits des Fiener den sanft ansteigenden Fläming. Die tagsüber verkehrenden Busse zurück nach Ziesar benötigen nur eine Viertelstunde.

Die Besiedlung am Fiener ist spärlich, die vorhandenen Dörfer liegen alle etwas erhöht, im Osten neben Zitz noch **Rogäsen**. Hier ruht still oberhalb des Dorfes ein bislang unsaniertes *Gutshaus* und eine *Kirchenruine*.

Größter Ort direkt am Bruch ist **Tucheim** im Jerichower Land. Auch hier gibt es ein ehemaliges *Gutshaus*, leider in nicht allzu gutem Zustand. Sehenswert ist aber fraglos das barocke *Gotteshaus*, wie die Wetterfahne weiß, von 1756. Es zählt zu den größten Dorfkirchen der Region, innen mit wertvoller historischer Ausstattung.

Besichtigung der Tucheimer Dorfkirche nach Voranmeldung:
Ev. Pfarramt
Winkelstraße 17
39307 Tucheim
Fon (03 93 46) 257

Von Tucheim führt eine Straße über Wülpen nach Süden. Rechts der Straße, in **Ringelsdorf**, das direkt an der Autobahn Magdeburg-Berlin liegt, steht ein wieder hergerichtetes *Gutshaus*, heute eine therapeutische Einrichtung.

Früher ist der Landstrich bei **Magdeburgerforth** „Jerichower Schweiz" genannt worden. Die Gegend ist hügelig und reich an Forsten, zumeist Kiefern, Buchen und Eichen. Sie ist Teil des bis Möckern reichenden Landschaftsschutzgebiets Möckern-Magdeburgerforth. Das Dorf, das seinen Namen der Lage an einer Furt am Rande des einstigen Erzbistums Magdeburg verdankt, schmiegt sich verträumt an die Hänge eines waldgesäumten Tals. Dass der Ort schon um die Wende zum 20. Jh. als Sommerfrische von sich reden machte, erkennt man an den schönen *Fachwerkhäusern* der Gründerzeit, die als Feriendomizil oder Gasthaus ihre Gäste bewirteten. Seit über hundert Jahren das bekannteste Wanderziel der Region ist die *„Ottoquelle"* nördlich von Magdeburgerforth. Benannt wurde der Quell nach Kaiser Otto I. (der Große), der den Landstrich um Tucheim und Loburg 965 urkundlich an das Erzstift Magdeburg vergab.

Magdeburgerforth

In **Wüstenjerichow**, einem Dorf einige Kilometer weiter westlich, trifft man auf ein gut erhaltenes *Herrenhaus* derer von Wulffen. Die Familie führte hier in den nordwestlichen Ausläufern des Flämings seinerzeit die Fischzucht ein. In mehreren Seen und Teichen wachsen noch immer Forellen, Karpfen, Zander und Weißfische heran, die dann frisch oder geräuchert zum Verkauf stehen. Wer einen Fischereischein hat, kann sich sein persönliches Fischmenü selbst zusammenangeln. Und alljährlich im September feiert man im Ort ein Fischerfest.

Informationen zum Fischerfest:
Fischereibetrieb Angelland
Uwe Marx
Dorfstraße 20
39291 Wüstenjerichow
Fon u. Fax (03 92 25) 256

Schornsteine in Görzke

Veranstaltung in Görzke:
Ostern (Sa u. So) Töpfermarkt

Kirche

Ev. Pfarramt
Kirchstraße 8, 14828 Görzke
Fon (03 38 47) 405 11

Freibad Görzke, Kirchstraße
Fon (03 38 47) 405 35

Besichtigung der Dampfmaschine nach Voranmeldung:
Handwerkerhof Görzke
Kirchstraße 7, 14828 Görzke
(03 38 47) 402 60

Verlassen wir das Jerichower Land und kehren nach Brandenburg zurück. Das Amt Ziesar, zu dem das Tourismusbüro in Ziesar Auskunft gibt, reicht von Zitz im Norden bis weit in den Fläming hinein nach Hohenlobbese, Görzke und Gräben.

Görzke ist ein traditioneller Ort des Töpferhandwerks. Als steinerne Relikte zeugen etliche Schornsteine davon, dass in früherer Zeit nicht Strom, sondern Kohle – und davor Holz – für hohe Temperaturen in den Brennöfen sorgte. Görzke, ab dem 13. Jh. bis zum 30-jährigen Krieg und nochmals 1719 – 1815 mit Stadtrechten versehen, lag an der Heerstraße, die von Brandenburg (Havel) nach Sachsen führte. Weder von der hiesigen Burg noch von der Stadtbefestigung ist etwas in die Gegenwart hinübergerettet, allenfalls die Straßennamen in der 1.500 Einwohner zählenden Gemeinde – Untertor, Obertor und Burgstraße – lassen erahnen, dass die Geschichte Görzke einst mehr Stellenwert zubilligte, als es zu vermuten wäre. Mit Ziesar wie auch den anderen Dörfern der Umgebung gehörte Görzke lange Zeit zur preußischen Provinz Sachsen. Es wurde 1952 mit der Eingliederung in den damaligen Kreis Belzig märkisch. Mit dem Zug kommt man seit dem 29. September 1973 leider nicht mehr nach Görzke. Das Eisenbahnzeitalter hatte 1911 begonnen, damals noch in Verantwortung der „Ziesarer Kleinbahn-Aktien-Gesellschaft", 62 Jahre später war Schluss damit.

Der Ortskern befindet sich zwischen Obertor und Untertor, westlich der Bundesstraße 107. Dass Görzke mal ein städtisches Gemeinwesen war, wird offenkundig, wenn man sich die *Kirche* ansieht, deren Größe dörflich-bäuerlicher Kultur erkennbar entgegensteht. Das spätromanische Gotteshaus wurde etwa um das Jahr 1250 gebaut. Beschädigungen im 30-jährigen Krieg, durch den ganz Görzke verwüstet wurde, zogen im 17. Jh. umfangreiche Erneuerungen nach sich. Zwei *Epitaphe* im Innern aus der Mitte des 16. Jh.s lenken die Aufmerksamkeit auf die Familie von Schierstedt, deren drei Rittergüter das politische und wirtschaftliche Leben Görzkes über Jahrhunderte bestimmten. In einem dieser Rittergüter wurde Ende des 19. Jh.s eine Stärkefabrik eingerichtet. Eine *Dampfmaschine*, damals hochmodern, heute ein Industriedenkmal, das bestaunt werden kann, half ab 1938 dabei, innerhalb eines Tages 55 Tonnen Kartoffeln zu acht Tonnen Stärkemehl zu verarbeiten. In der einstigen Fabrik siedelte sich inzwischen ein Handwerkerhof an.

Seit dem 17. Jh. ist das *Töpferhandwerk* wichtiger Erwerbszweig in Görzke, die Tonvorkommen der Umgebung machten es möglich. Zwar sind heute nicht mehr 19 Töpfermeister am Werk, wie noch 1890 – die Konkurrenz aus Emaille oder Kunststoff und die nach dem Zweiten Weltkrieg weggebrochenen Absatzgebiete in Westdeutschland, Europa und Übersee haben so manchem Betrieb den Todesstoß versetzt – mittlerweile erfreuen sich die Töpfe, Kannen, Tassen etc. der fünf Görzker Töpfereien aber wieder großer Beliebtheit. Ein traditionelles Unternehmen ist die *Töpferei Ludwig*, deren Gründervater Hermann Ludwig 1746 aus dem schlesischen Bunzlau in den Fläming kam. Noch immer versieht man bei Ludwig das Geschirr, neben anderen Dessins, mit dem berühmten Bunzlauer Muster, liebevoll auch „Schwämmeldekor" genannt: blau-grüne „Augen" auf blau-grauem Grund. Bis zu 18 Stunden bleiben die Tonwaren in der Gluthitze von etwa 1.300 Grad. Der Ton kommt heute aber nicht mehr aus dem Fläming, sondern aus Grana in Sachsen oder dem Westerwald. Die Auswahl ist schier unerschöpflich, Spucknäpfe wie früher sind aber nicht mehr im Angebot.

Von Görzke führt der Burgen-Rundwanderweg des Flämings über Brandenburger Straße/Nonnenheide in nordöstliche Richtung zur drei Kilometer entfernten *Kirche* **Dangelsdorf**. Verlassen liegt sie da, die Ruine der schon im 15. Jh. durch Raubritter oder Hussiten zerstörten Kirche. Von einem dazugehörigen Dorf ebenfalls keine Spur. Es heißt, 1813 sei hier eine Kriegskasse von napoleonischen Soldaten verscharrt worden, die 1835 zurückgekehrten, um sie wieder auszugraben. Man nennt die Gegend Nonnenheide, weil Ziesarer Zisterzienserinnen die Bäume gepflanzt haben sollen. Einige Kilometer weiter nördlich in **Dahlen** steht ein als Heim genutztes *Gutshaus*, das zwar noch als solches zu erkennen, durch Umbauten aber stark verändert worden ist. Hübsch ist die sehr kleine Dahlener *Dorfkirche*, ein verträumter Backstein-Fachwerk-Bau.

Bei Görzke entspringt die *Buckau*, ein Flüsschen, das bei Brandenburg-Malge in den Breitlingsee mündet. Auch wenn der Begriff Tal übertrieben scheint, so nennt man die seichte Niederung, die von Süd nach Nord verläuft dennoch Buckautal. Den Wasserreichtum machte man sich in der Vergangenheit durch den Bau von Mühlen zunutze. Nördlich von Rottstock, talabwärts kann die Buckau deutlich ihre Wassermenge vergrößern. Der *„Gesundbrunnen"*, ein rundlicher Quellkessel, der seit über 300 Jahren minütlich mehrere tausend Liter ans Tageslicht befördert, speist hier die *Teiche eines Fischzuchtbetriebes* an der Straße Görzke-Ziesar. Regenbogenforelle, Bachsaibling und Karpfen wachsen hier heran und können käuflich erworben werden. 24 Teiche gibt es hier und der Besucher ist eingeladen, das Gelände in Augenschein zu nehmen.

Töpferei Ludwig
Wiesenburger Straße 2
14828 Görzke
Fon (03 38 47) 402 65
Fax -909 70
www.toepferei-ludwig.de
Werkstattzeiten:
Mo–Do 7.00–16.00 Uhr
Fr 7.00–12.00 Uhr
Führungen bis 20 Personen
Ladenöffnungszeiten:
Mo–Fr 9.00–18.00 Uhr
Sa 9.00–13.00 o. nach Anmeldung

Forellenzucht Gesundbrunnen
14793 Rottstock
Fon (03 38 47) 402 41, Fax -403 10
Öffnungszeiten:
tägl. 8.00–18.00 Uhr

Dretzeller Hauptgraben
Tucheimer Bach
Kletzer Bach
Hauptgraben
Fiener Bru
Landgraben
Tucheim
65
Klingenberg
Strecke stillgelegt
Paplitz
107
ZIESAR
Wülpen
Holzhaus
Dreibach
Gehlsdorf
Sachsen-Anhalt
AS Ziesar
2
Ringelsdorf
Magdeburg
Reesdorf
Schopsdorf
Sandforth
Köpern
Magdeburgerforth
Glaginebach
Wüstenjerichow
Drewitz
Dretzen
Dörnitz
Altengrabow
Ehemaliges
militärisches
Sperrgebiet
Grenze Naturpark
Hohenlobbese
Tourist-Information
Burg
0
5 km
N

Rogäsen
Viesen
Berlin
Hauptgraben
Strecke stillgelegt
Buckau
Boecke
Grüningen
9
AS Wollin
Brückermark
Wollin
Bücknitz
Glienecke
Grenze Naturpark
Herrenmühle
Lietzenbach
Verlorenwasser
Burgen-Rundwanderweg
Steinberg
Burgen-Rundwanderweg
nach Belzig
Groß Briesen
Grebs
95
Leuerberg
Gräben
Ziegelei
Buckau
Naturpark Hoher Fläming
Strecke stillgelegt
107
Struvenberg
Dahlen
Egelinde
Rottstock
Buckau
Werbig
Görzke
136
Kienberg
Burgen-Rundwanderweg
nach Wiesenburg
Börnecke
Dangelsdorf
Benken

RECHTS UND LINKS DER PLANE

Im Baruther Urstromtal zwischen Brück und Wollin

Gut vierzig Meter über dem Meeresspiegel liegt hier die Sole des Urstromtals, gesäumt im Norden von der so genannten Zauche, im Süden vom Nordost-Rand des Hohen Flämings. Unter der Zauche verstehen wir das ausgedehnte und bis zu 84 Meter hohe Waldgebiet zwischen Golzow und Beelitz. Der alte preußische Landkreis Zauch-Belzig griff lange Zeit den Namen auf. Heute gehört das Gebiet zum Kreis Potsdam-Mittelmark. Das Land zwischen Brück und Wollin ist flach wie ein Brett und kommt praktisch ohne Wälder aus. Umso deutlicher heben sich der forstreiche Fläming und die Zauche vom weichsel-eiszeitlichen Urstromtal ab. Ökologisch besonders wertvoll, insbesondere wegen der artenreichen Vogelwelt, sind die „Belziger Landschaftswiesen" zwischen Dippmannsdorf und Brück. Durchflossen wird das Gebiet von der bei Raben entspringenden Plane. Der Name des Flüsschens geht auf die „Ploni" zurück, ein Slawenstamm, der vor der mittelalterlichen deutschen Ostkolonisation in dieser Gegend ansässig war.

Das flache Terrain des Urstromtals fordert zum Fahrradfahren geradezu heraus. Vorteilhaft sind dabei die guten Verkehrsverbindungen. Mit dem Regionalexpress sind es von Berlin Zoo zum Bahnhof Brück knapp 50 Minuten, von Dessau benötigt man etwa eine Stunde.

Messturm bei Brück

Postmeilensäule Brück

BRÜCK

Langes Städtchen in der weiten Ebene

Lang ist Brück tatsächlich, es zieht sich über fast vier Kilometer an der verkehrsarmen Bundesstraße 246 entlang. Zentrum des 3.700 Einwohner zählenden Ortes ist der Anger mit der Stadtkirche St. Lambertus und einigen in unverputzter Fachwerkbauweise errichteten Bürgerhäusern.

Brück entstand an einer der wenigen Stellen, wo das sumpfige Urstromtal trockenen Fußes durchquert werden konnte. Trotz Stadtrechtsverleihung im 14. Jh. blieb der Ort ein bäuerlich geprägtes Gemeinwesen. Es gab zwar zwei Stadttore, im Brücker Wappen sind sie noch immer gegenwärtig, eine schützende Mauer hat den kleinen Ort inmitten der morastigen Niederung aber nie umgeben. Im 30-jährigen Krieg von den Schweden verheert, später mehrmals und zuletzt 1843 bei Bränden zerstört, teilte Brück das Schicksal vieler märkischer Städte. Zum Amt Belzig gehörend, war Brück bis 1815 sächsisch. Die *Postmeilensäule* von 1730 an der Straße des Friedens/Ecke Ernst-Thälmann-Straße (Abzweig nach Golzow) ist sichtbare Reminiszenz an jene Epoche. Sie ist die nördlichste kursächsische Postmeilensäule in Brandenburg. Einige traufständige *Fachwerkhäuser* schmücken die Stadtmitte weiter östlich. Kennzeichnend für Brück ist der breite Anger. Beherrscht wird die platzartige Straßenerweiterung von der *Stadtkirche St. Lambertus*. Um das Jahr 1350 erbaut, erhielt das Gotteshaus 1776 nach Feuerschäden sein heutiges Gesicht, ergänzt durch den 1842 angefügten Turm. Die Inneneinrichtung spiegelt stilistisch den Übergang vom Barock zum Klassizismus wider. Sie ist mit Emporen, Logen, Kanzelaltar und Gestühl im Original von 1776 erhalten.

Fremdenverkehrsverein Brück
Ernst-Thälmann-Straße 59
14822 Brück
Fon (03 38 41) 336 44
Fax -336 54
www.fvv-brueck.de
E-Mail: fvvbrueck@fvv-brueck.de

Veranstaltungen in Brück:
Aug. (1. Wochenende) Schützenfest
Okt. (1. So) Erntefest

Kirchenbesichtigung
nach Voranmeldung, Frau Lemm
Mittelreihe 17, 14822 Brück
(03 38 44) 514 79

Kreativ-Oase/Ökologische Wirtschaftsentwicklung Brück e. V.
Straße des Friedens 36
14822 Brück
Fon u. Fax (03 38 44) 520 77
Unter Anleitung werden hier aus den verschiedensten Materialien – von Moos bis Wachs und Seide – kleine Kunstwerke geschaffen.

Nördlich der Stadt, inmitten weiter Wiesen stehen seltsame Türme, die von der Ferne zwar wie Eisengebilde aussehen, tatsächlich aber komplett aus Holz gefertigt sind. In den Dreißigerjahren des 20. Jh.s wurden hier bereits Antennenmasten zu Versuchszwecken aufgestellt. Die Gegend eignete sich gut wegen fehlender Störfaktoren in der Atmosphäre und der guten Leitfähigkeit des feuchten Bodens. Diese Anlagen wurden nach dem Zweiten Weltkrieg geschleift. An deren Stelle montierte man in den Fünfzigerjahren für die Deutsche Post *Messtürme* aus thüringischer Fichte. Der Doppelturm hat eine Höhe von 53 m, der Einzelturm nach Umbauten noch 34 m. Das Gelände des Antennenmessplatzes gehört heute der Deutschen Telekom, die Untersuchungen an Antennen durchführt, etwa zur Leistungsfähigkeit oder Umweltverträglichkeit.

Großtrappe

Von Brück führt eine Landstraße in nordwestlicher Richtung nach Golzow, rechter Hand die waldreiche *Zauche*, linker Hand die *Belziger Landschaftswiesen*. Die Zauche, deren Name im Wendischen so viel wie „trockenes Land" bedeutete, ist leider hier bei Hackenhausen/Freienthal/Damelang militärisches Sperrgebiet und daher nicht zugänglich. Die ca. 41 km^2 großen Landschaftswiesen gehören schon zum Naturpark Hoher Fläming. Sie sind Brutstätte zahlreicher Bodenbrüter und zur Zeit des Vogelzuges Rastplatz für tausende Enten und Gänse. Die offene Landschaft bietet auch der Großtrappe gute Lebensbedingungen. Der vom Aussterben bedrohte scheue Vogel lässt sich hier mit viel Glück in freier Wildbahn beobachten. „Otis tarda", wie er auf Latein heißt, zählt mit einem Gewicht von bis zu 17 kg zu den größten Vögeln Europas. Anlaufpunkt für Freizeit-Ornithologen, die den stillen Reiz der Landschaftswiesen genießen wollen, ist die *Naturwacht in Baitz*. Die zum Naturpark Hoher Fläming gehörige Naturschutzstation organisiert regelmäßig Wanderungen.

Naturwacht Baitz
Im Winkel 13, 14806 Baitz
Fon u. Fax (03 38 41) 437 34

In Freienthal

Freienthal, rechts der Straße Brück-Golzow, ist ein idyllisches Straßendörfchen, das in die Zauche hineinragt. Nähert man sich von Süden Cammer, passiert man eine *Holländermühle* von 1833. Hier wird heute noch Roggen und Weizen gemahlen, aber nicht mehr mit Mahlsteinen, sondern in Walzenstühlen aus den Fünfzigerjahren. Weil ein Müllergeselle 1933 Feuer legte, muss sie seither ohne Flügel auskommen.

In der Dorfmitte von **Cammer** weist eine Straße namens „Im Park" die Richtung zu einem Gutspark, der noch in Resten existiert. Ein Gedenkstein der von Broesigkes im Park hält die Erinnerung an die einstigen Eigentümer des Gutes wach. Das Herrenhaus der Familie wurde nach dem Zweiten Weltkrieg zunächst von Flüchtlingen bewohnt, bevor man es 1946 abriss. Am nördlichen Dorfrand, in Richtung Golzow steht die letzte *Bockwindmühle* der Region um Cammer. Bereits seit dem 18. Jh. gibt es an dieser Stelle eine Mühle, deren Müller gegenüber der Gutsherrschaft in Cammer abgabenpflichtig war. Ein Sturm riss 1894 die alte Mühle um. Ersatz war schnell vor Ort, man kaufte noch im gleichen Jahr eine alte Mühle am Heiligen See in Potsdam und versetzte sie hierher. Nach mehreren Jahrzehnten des Verfalls wurde das hölzerne Kulturdenkmal 1984–89 und zuletzt 1997/98 aufwändig restauriert. Die technischen Original-Vorrichtungen im Innern, so wie die Mühle in den Dreißigerjahren mit zwei unabhängigen Mahllinien (Wind und Strom) in Betrieb war, sind noch vollständig erhalten. Von Zeit zu Zeit kann man das schöne Schauspiel der sich drehenden Windmühlenflügel erleben.

Windmühle Cammer
Öffnungszeiten: 1. So im Monat, 10.00–17.00 Uhr, an den Wochenenden auch nach tel. Voranmeldung unter (03 38 35) 317

Amt Lehnin
Friedensstraße 3
14797 Lehnin
Fon (033 82) 730 70
Fax -73 07 62
www.lehnin.de

GOLZOW

Das „Stedeken" an der Plane

Als „Stedeken"– Städtchen – wurde Golzow 1335 bezeichnet, und das sollte bis 1715 auch 380 Jahre so bleiben, freilich ohne dass die Golzower sich jemals mit Stadtrechten schmücken konnten. Dorf ist es immer gewesen, auch wenn es sich vom äußeren Eindruck her deutlich von den Dörfern der Umgebung unterscheidet.

Bemerkenswert ist, dass mit den von Rochows seit dem 14. Jh. ein- und dasselbe Adelsgeschlecht in Golzow ansässig war. Deren Barock-Schloss brannte 1945 nieder und wurde kurz darauf abgerissen. Von der rochowschen Gutsanlage sind dennoch zwei Gebäude erhalten geblieben, das Alte Amtshaus und die Brennerei. Das *Alte Amtshaus* steht in der Verlängerung der Golzower Hauptstraße auf dem Gutshof. Es setzt sich aus drei Teilen zusammen, einem Fachwerkbau von 1717, einem weiteren westlich anschließend von 1833 und einem Ziegelanbau (Ende 19. Jh.). Golzow war stets märkisch und lag bis 1815 an der Grenze zu Sachsen. Das Alte Amtshaus war Gutsverwaltung und Sitz des Landratsamtes für den Kreis Zauche, der 1815 mit dem vormals sächsischen Belzig zum Kreis Zauch-Belzig vereint wurde.

Vom Alten Amtshaus führen drei beschilderte *Wanderwege* durch Golzow (Info-Tafel) Frisch renoviert und ebenfalls attraktiver Blickfang im Ort ist die alte *Brennerei*, gleich neben der Plane gelegen. Etwa hundert Jahre (bis zur Demontage 1952) wurde hier hochprozentiger Kartoffelschnaps destilliert, weniger für den Hausgebrauch, als vielmehr für die industrielle Nutzung. Die Backstein-Gebäude sollen schon bald ein *Brennereimuseum* aufnehmen, das die Branntherstellung veranschaulicht.

Auskunft zur Brennerei:
Arbeits- und Ausbildungsförderungsverein Belzig e. V.
Dorfstraße 25, 14806 Kuhlowitz
Fon (03 38 41) 303 46

Brennerei

Kirche in Golzow
Pfarramt Golzow
Hauptstraße 11, 14778 Golzow
Fon (03 38 35) 606 10

In den Briesener Bergen

Schräg gegenüber der Brennerei, auf der anderen Seite der Plane, liegt das Golzower *Freibad*. Diesseits des Flusses führt ein schmaler Pfad von der Straße weg. Auf einem flachen Wall läuft man durch saftige Wiesen die *Plane* entlang, hohe Pappeln säumen den Uferweg. Der Fluss selbst gleitet gemächlich dahin, ein wunderbarer Ort zum „Seelebaumelnlassen". Man kann der Plane weiter folgen und nach Cammer wandern, die Beschilderung gibt aber nach wenigen hundert Metern auch die Richtung nach Golzow vor.
In der Ortsmitte auf dem Anger ziert eines der wenigen achteckigen Gotteshäuser Brandenburgs einen künstlich geböschten Hügel. Die Golzower *Dorfkirche* wurde von Friedrich-Wilhelm von Rochow in Auftrag gegeben und 1750 im Stil des Barocks erbaut. Sehr sehenswert ist ihre Innenausstattung mit umlaufender zweigeschossiger Empore und Loge.

Von Golzow, das am Ausgang des Baruther Urstromtals zum Havelland liegt, bieten sich Ausflüge zu den Dörfern der Umgebung an. Nur zwei Kilometer östlich in Richtung Lehnin liegt **Oberjünne**. Das kleine Dorf, angelegt in der Idealform eines Rundlings, ist bereits umgeben von den Forsten der Zauche. Die Bundesstraße 102 ist hier zwischen Brandenburg und Belzig Teil der *Deutschen Alleenstraße*. Folgt man dieser von Golzow nach Süden, kommt man zunächst nach **Ragösen** und anschließend nach **Dippmannsdorf**. In beiden Dörfern am Rande des Hohen Flämings stehen hübsche *Kirchen*. Die Ragösener besitzt einen wohlgeformten Fachwerkturm. Das Dippmannsdorfer Kirchlein besticht dagegen durch sein für die Region untypisches Backsteinfachwerk (1860). Im Dorf lädt im Sommer ein kleiner Naturteich zum Baden. Ein kurzer Fußweg führt von hier aus zum „Paradies", einem ökologisch sensiblen Gebiet mit mehreren natürlichen Sickerquellen in einer Hangmulde. Unter alten Buchen gedeihen verschiedene Moose und im Frühjahr blühen zart die Buschwindröschen.
Westlich setzen sich die ausgedehnten Wälder des nördlichen Naturparks Hoher Fläming fort, unterbrochen nur durch ein paar Dörfer, in deren direkter Umgebung das Land gerodet ist und zaghaft Grünland- und Ackerwirtschaft betrieben wird. Weitzgrund, Verlorenwasser, Klein Briesen – kleinste Orte verlieren sich in dieser märchenhaften Gegend, in der man stundenlang unterwegs sein kann, ohne auch nur einem einzigen Menschen zu begegnen. Beschilderte Wege durchziehen das Land. Von besonderem Reiz ist das Gebiet der *Briesener Berge* an der Kante zum Urstromtal. Von Golzow führt der Europäische Fernwanderweg E 11 direkt dorthin.

Wanderroute von Golzow über den E 11 in die Briesener Berge nach Ragösen: ca. 13 km – alternativ über Klein Briesen und Juliushof: ca. 2 km länger (Karte S. 58)

Von der Golzower Kirche gehen wir durch Haupt- und Belziger Straße an der Brennerei vorbei über die Plane oder aber über den Mühlendamm vorbei an einer alten Wassermühle in Richtung Lucksfleiß. Wir folgen der Wolliner Straße durch den Golzower Ortsteil Königsberg. Nach etwa einem Kilometer verlassen wir die Straße, über die Postbrücke vorbei am ehemaligen Vorwerk Hammerdamm, in Richtung Briesener Berge, deren bewaldete Hänge wir nach gut 3,5 km erreichen.

Steil geht es jetzt bergan. Sechzig Meter über der Ebene lädt ein Aussichtsturm zur Rast. Der Name des 1997 errichteten Ausgucks – *Schöne Aussicht* – verspricht nicht zu viel. Vor uns breiten sich die bewaldeten Hänge des Flämings aus, dahinter der weitgehend baumlose Gürtel des Urstromtals. Rechts in östlicher Richtung erkennt man Golzow, im Anschluss daran die Zauche. Links sind die Häuser von Wollin zu sehen.

Vom Aussichtsturm führt der beschilderte Weg im Zickzack kreuz und quer durch die Kiefernforsten in die Niederung des *Briesener Baches* und weiter über Bullenberg nach Ragösen.

Die etwas weitere Alternativroute führt vom Aussichtsturm nach **Klein Briesen**. Eine der kleinsten *Kirchen* Brandenburgs finden wir hier, erbaut 1692. Nicht weit davon sprudelt in einem *artesischen Brunnen* eisenhaltiges Wasser an die Oberfläche, bedingt durch den natürlichen Druck des Grundwassers. Das Wort „artesisch" stammt von der französischen Region „Artois", wo man schon im 12. Jh. solcherlei natürliche Brunnen nutzte, etwa als Viehtränke.

Nach Süden führt unsere Route zum *Juliushof*, früher Gästehaus des ostdeutschen Innenministers, heute idyllisch gelegenes Hotel. Ein *Naturheilpfad* mit 13 unterschiedlich gefüllten Becken ist das richtige Therapeutikum für geschundene Füße. Anschließend geht es weiter durch das naturnahe Tal des *Briesener Baches* nach Bullenberg und Ragösen. Von Ragösen fahren regelmäßig Busse nach Golzow.

Noch zwei Ausflugstipps zum Schluss. In **Groß Briesen** findet jedes Jahr ein *Dahlienfest* statt, bei dem auch das leibliche Wohl nicht zu kurz kommt.

Erwähnt werden soll schließlich das zum Amt Ziesar zählende **Wollin**. Als nördliches Tor zum Naturpark Hoher Fläming schmiegt sich das Dorf an den Hang und markiert überdeutlich die Landschaftsgrenze zwischen der Niederung des Baruther Urstromtals und den sanften Wellen des Flämings. Dörflich-idyllisch ist der Siedlungskern rund um die *barocke Kirche*.

Die „Schöne Aussicht"

Schwarzstorch, lebt in naturnahen Wäldern o.; Artesischer Brunnen u.

Veranstaltung in Groß Briesen: Letzter So im August Dahlienfest

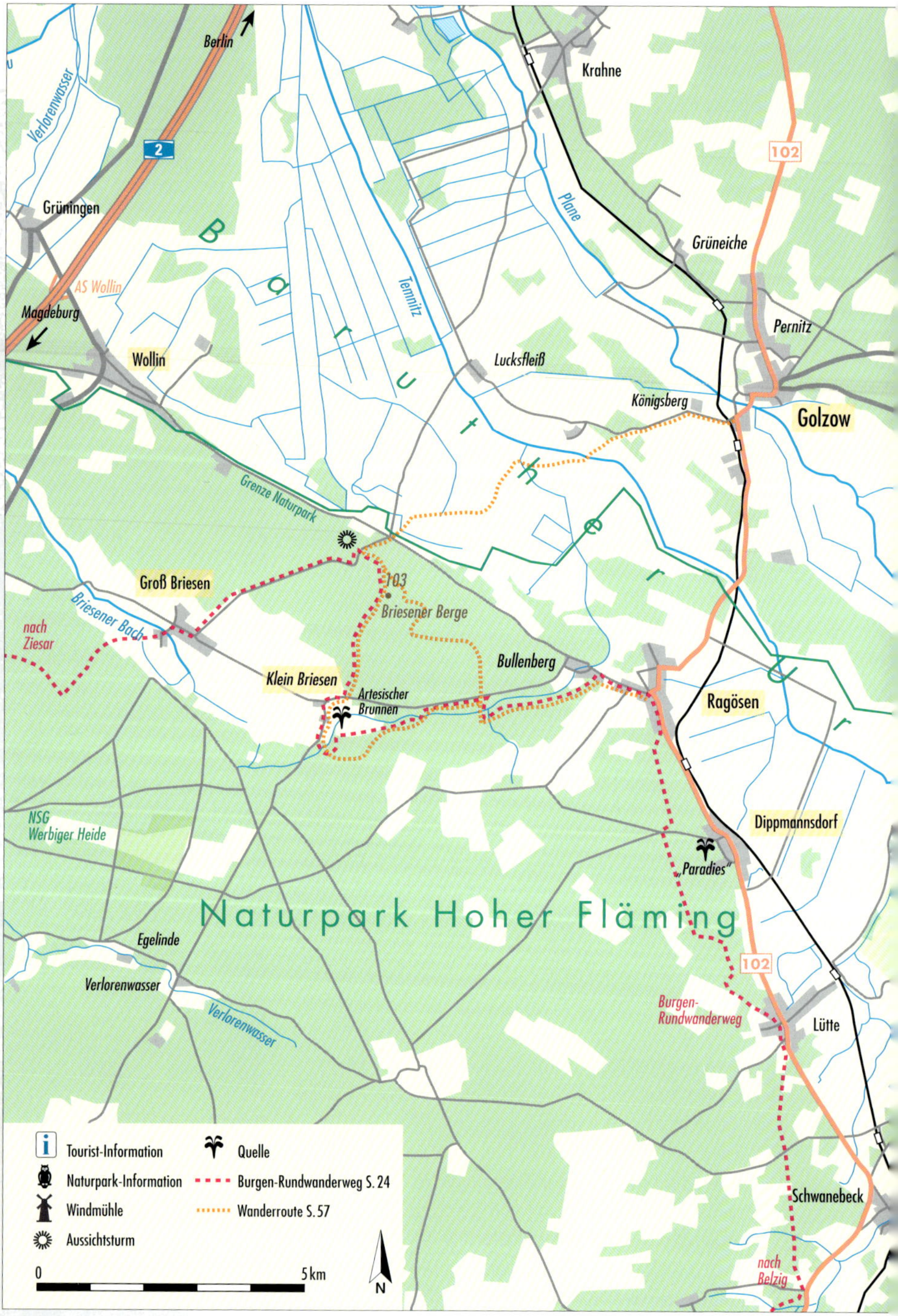

Berlin
Krahne
Verlorenwasser
2
102
Grüningen
Plane
Grüneiche
Temnitz
AS Wollin
Magdeburg
Pernitz
Wollin
Lucksfleiß
Königsberg
Golzow
Grenze Naturpark
Groß Briesen
103
Briesener Berge
Briesener Bach
nach Ziesar
Bullenberg
Klein Briesen
Artesischer Brunnen
Ragösen
Dippmannsdorf
NSG Werbiger Heide
„Paradies"
Naturpark Hoher Fläming
Egelinde
Verlorenwasser
Burgen-Rundwanderweg
Lütte
Tourist-Information
Naturpark-Information
Windmühle
Aussichtsturm
Quelle
Burgen-Rundwanderweg S. 24
Wanderroute S. 57
0
5 km
N
Schwanebeck
nach Belzig

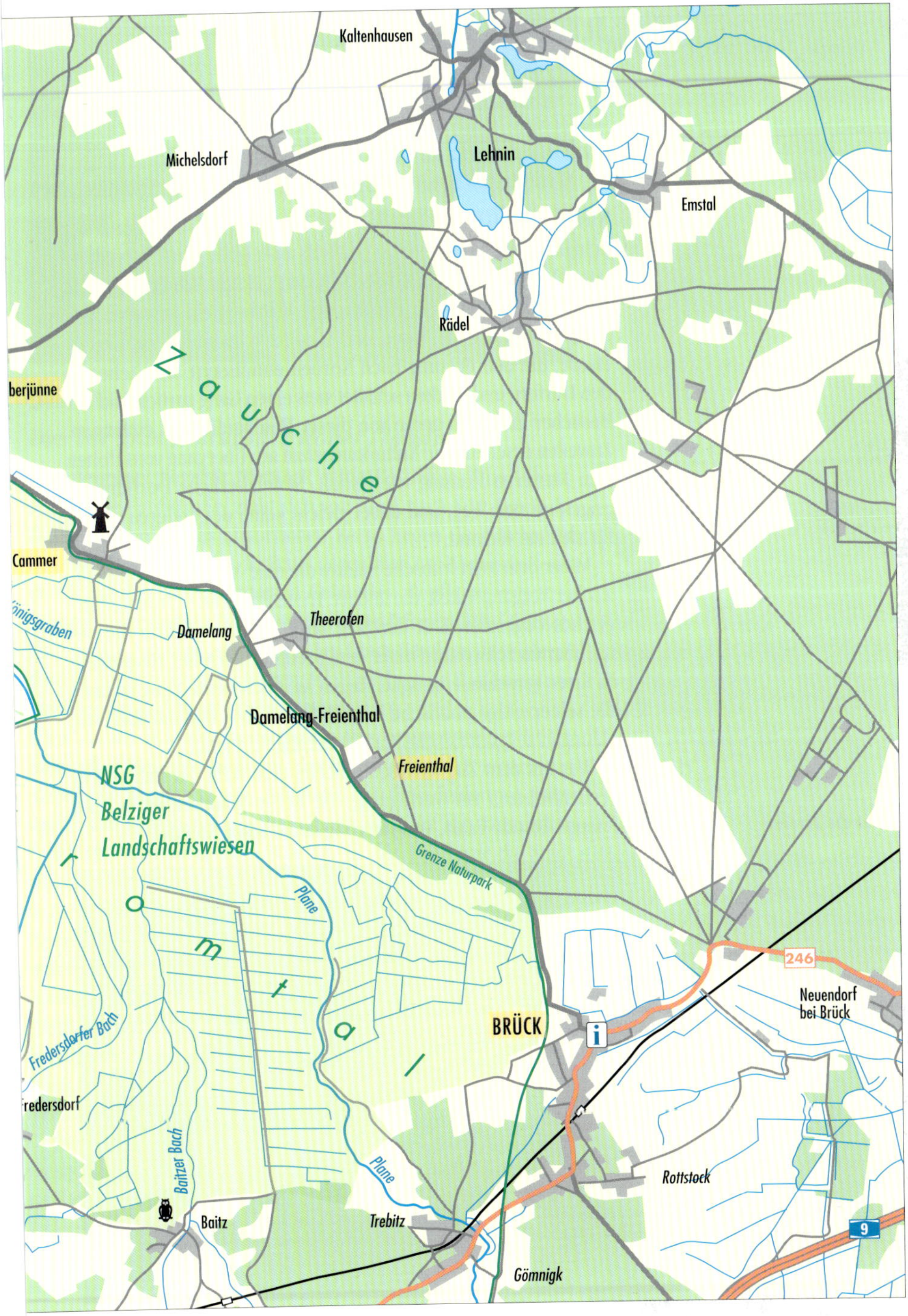
Kaltenhausen
Michelsdorf
Lehnin
Emstal
Rädel
berjünne
Zauche
Cammer
önigsgraben
Damelang
Theerofen
Damelang-Freienthal
Freienthal
NSG
Belziger
Landschaftswiesen
Grenze Naturpark
Plane
Fläming
Fredersdorfer Bach
Fredersdorf
Baitzer Bach
Baitz
Trebitz
Plane
BRÜCK
i
246
Neuendorf
bei Brück
Rottstock
Gömnigk
9

Kirchenbesichtigung Niemegk vereinbaren mit Herrn Reents Kirchplatz 6, Fon -504 15

Evangelisches Pfarramt
Kirchplatz 9
14823 Niemegk
(03 38 43) 513 38
Fax -513 46

den *Bürgerhäusern* lässt sich die einstige politische Zugehörigkeit ablesen. Die zumeist traufständigen Wohnhäuser aus dem 18./19. Jh. sind verputzt, wie es in Sachsen üblich ist. Fachwerk, wie in Treuenbrietzen, ist in Niemegk nicht zu sehen.

Dem Rathaus gegenüber liegt der *Kirchplatz*. Das lauschige Karree umschließt die neugotische *Pfarrkirche St. Johannis*, deren achteckiger Turm in der Silhouette Niemegks den Ton angibt. Dreimal ging das Gotteshaus durch Zerstörung verloren (1547, 1644 und 1850). Wegen des vollständigen Neuaufbaus 1852/53 sind ältere Teile nicht mehr vorhanden. Den Entwurf lieferte Friedrich August Stüler, dem wir in Brandenburg und Berlin zahlreiche schöne Bauten verdanken (zu Stüler ↗ Perleberg in Bd. Die Prignitz). Das Innere von St. Johannis ist durch spitzbogige Holz-Arkaden dreischiffig gegliedert. In den Seiten bestimmen Emporen den Raumeindruck.

Im südlichen Abschnitt der Großstraße begegnet uns an der Ostseite der Feldstein-Giebel des so genannten *Klosters*. Ob diese im 13. oder 14. Jh. errichteten, 1628 umgebauten Mauern tatsächlich eine Abtei beherbergten, ist schriftlich nicht überliefert. In der Großstraße/Ecke Lindenstraße, am Abzweig nach Neuendorf steht noch in der Form eines Obelisks eine gut erhaltene wappengeschmückte sächsische *Postmeilensäule* aus Sandstein von 1710 (↗ Belzig).

Freibad Niemegk
Öffnungszeiten: Mai bis Sept.

GeoForschungsZentrum Potsdam
Adolf-Schmidt-Observatorium für Geomagnetismus
Lindenstraße 7, 14823 Niemegk
Fon (03 38 43) 624-0
Fax -624-23
www.gfz-potsdam.de/pb2/pb23/
Führungen nur nach Voranmeldung

Biegt man vom Rathaus kommend an der Postmeilensäule links ab, kommt man zum Niemegker *Freibad* am Wasserturm. Vor den Toren der Stadt liegt das *Erdmagnetische Observatorium*. Dazu wendet man sich an der Postmeilensäule nach rechts in Richtung Neuendorf und knickt an der Straßengabelung erneut rechts ab. Das nach dem Geophysiker Adolf Schmidt (1860–1944) benannte Observatorium untersucht an dieser Stelle seit 1930 das Magnetfeld der Erde. Bei einer einstündigen Führung erhält der Besucher Einblicke in eine faszinierende Thematik, sieht moderne Messtechnik von heute und historische Instrumente von einst (umfassende Informationen im Internet).

Robert Koch – Arzt in Niemegk

Geboren wurde der bekannteste deutsche Bakteriologe am 11. Dezember 1843 in Clausthal/Harz. An der Göttinger Universität studierte er Medizin und kam 1868 als Landarzt nach Niemegk.
In der Großstraße 69 machte er sich um die Gesundheit der Niemegker verdient. Viel Erfolg war seiner Praxis allerdings nicht vergönnt, galten die Niemegker damals Ärzten gegenüber doch nicht gerade als aufgeschlossen. Und so verließ Koch den Fläming bereits 1869 wieder.
Als Kreisarzt in Pommern entdeckte er 1876 den Milzbrand-Erreger, 1882 in Berlin den Tuberkelbazillus und 1883 den Verursacher der Cholera, dem noch 1866 in Niemegk 240 Bewohner zum Opfer gefallen waren. Seine Leistungen wurden 1905 mit der Verleihung des Medizinnobelpreises gewürdigt. Robert Koch starb am 27. Mai 1910 in Baden-Baden.

Martin Anton Niendorf – Dichter und Freiheitskämpfer

Eine Gedenktafel in der Großstraße 74 würdigt den hier am 24. Februar 1826 geborenen Martin Anton Niendorf. Als junger Mann beteiligt er sich leidenschaftlich in Berlin an der Märzrevolution von 1848. Seine offene demokratische Gesinnung bringt ihm 1849/50 eine achtmonatige Gefängnisstrafe ein. Nach seiner Entlassung wird er Hauslehrer in Isterbies bei Loburg, wo er die junge Emilie Hemprich kennen lernt. Deren Vater willigt zunächst nicht in die Hochzeit mit dem armen Dichter und Lehrer ein, gibt aber schließlich doch seinen Segen, nachdem Niendorf ein landwirtschaftliches Gut bei Zahna im Niederen Fläming pachtet.
Später in Berlin, als Politiker und Abgeordneter im Reichstag des Norddeutschen Bundes, ficht er für die Rechte der Landwirte. Das literarische Werk Niendorfs ist immer wieder durch seine Flämingheimat beeinflusst worden. In seinem Roman „Entfesselte Furien" etwa entführt er den Leser in das Wiesenburg des 30-jährigen Krieges. Im „Schulzenhof zu Ruben" zeichnet er einen zeitgenössischen bäuerlichen Generationskonflikt des 19. Jh.s nach.
Martin Anton Niendorf stirbt am 2. Juni 1878 im sächsischen Nieder-Lößnitz; begraben liegt auf dem Friedrichwerderschen Friedhof in Berlin.

„Du Rose von Niemegk,
Du liebliche Braut,
Ich hab' mein Gelöbnis gebrochen,
Mein Herz war der Freiheit angetraut
Und wagte für Dich zu pochen"
M. A. Niendorf an eine Geliebte

Kirche Zixdorf

Einlass in die Kirche Zixdorf:
B. Dümichen
Dorfstraße 18, 14823 Zixdorf
Fon u. Fax (03 38 43) 505 53

Radroute Niemegk – Zixdorf – Garrey – Wüstemark – Klein Marzehns – Burg Rabenstein – Raben – Rädigke – Werdermühle – Niemegk: ca. 26 km (Karte S. 27 u. 74)

Wir verlassen Niemegk nach Süden in Richtung Hohenwerbig und passieren eine 1907 erbaute *Holländermühle*. Beim alljährlichen Mühlenfest an Pfingstmontag ist auch die historische Innenausstattung zu besichtigen. Die Flügel wurden leider im Zweiten Weltkrieg zerstört. Hinter der Mühle biegen wir rechts ab.

Von knapp 90 m Höhe steigt die Straße bis **Zixdorf** auf 130 m üNN an. Die kleine *Dorfkirche* ist ein wahres Schmuckstück. Das ungeregelte Feldsteinmauerwerk des Schiffs ist aus dem 15. Jh., Turm und westlicher Vorbau wurden 1905 erneuert. Eine Überraschung birgt der Bau im Innern mit farbenreichen Malereien an Decke, Wänden und Emporen.

In Zixdorf biegen wir rechts ab und folgen der Straße nach **Garrey**. Von hier aus lassen sich zwei Abstecher nach Norden zur *Neuendorfer Rummel* und nach Nordwesten zur *Garreyer Rummel* unternehmen. Garrey selbst liegt landschaftlich sehr reizvoll und bietet dem Besucher einige stille Eindrücke, etwa am Dorfteich oder an der *Dorfkirche*.

Südwestlich von Garrey, an der Straße nach Wüstemark liegt einem der ganze Niedere Fläming zu Füßen. Herrlich ist der Blick in die Ferne nach Sachsen-Anhalt hinein – Felder so weit das Auge reicht, manchmal ein Waldstück, ein Dorf – hier lässt es sich tief durchatmen. Abschüssig geht es weiter nach Wüstemark.

Wir biegen rechts in den unbefestigten aber guten Waldweg ein und erreichen nach ca. zwei Kilometern **Klein Marzehns**. Ein Reit- und Fahrturnier zieht hier jedes Jahr am ersten Juli-Wochenende die Besucher an. Am westlichen Dorfausgang biegt die Route nach Norden ab. Wir unterqueren die Autobahn Berlin-Leipzig und kommen, von Wald begleitet, zur Burg Rabenstein (↗ Raben). Nach einem Besuch der Burg geht es steil ins Dorf Raben (↗) hinab. Der Blick wandert zur hübschen *Dorfkirche*. Vorbei am *Besucherzentrum des Naturparks Hoher Fläming* in der *Alten Brennerei*, begleiten uns im Planetal sanfte Hänge beiderseits der Straße bis nach Rädigke. Eine kleine Rast am *Mufflongehege* und weiter führt uns die Route nördlich der Plane zu den Angelteichen der *Werdermühle*.

Landschaft bei Garrey

Forellen, Lachsforellen und Bachsaiblinge, Karpfen und Störe gibt es hier. Alle zum Selbstangeln. Man kann sich Angeln ausleihen oder sich auf der Liegewiese entspannen und Räucherfisch essen. Nach der Stärkung noch einmal kurz in die Pedale getreten, vorbei am Geomagnetischen Observatorium (↗ Niemegk), und nach etwa zwei Kilometern sind wir zurück in Niemegk.

Die Orte nördlich von Niemegk folgen, zum Schutz vor Hochwasser mit etwas Abstand, dem Verlauf der Plane. An der *Komturmühle* bei **Dahnsdorf** und in **Locktow** speist sie die Becken zweier *Forellenzuchten*. Manchmal riecht es hier nach frischem Räucherfisch. Bei Locktow gibt es außerdem einen kleinen *Flugplatz*, von dem aus man zu Rundflügen starten kann.

In **Ziezow** lädt ein *Baggersee* mit Sandstrand zum Baden. Die Gegend ist bekannt für ihre vielen mittelalterlichen *Dorfkirchen*. Deren Größe ist teilweise beeindruckend, zum Beispiel bei den komplett aus Feldstein errichteten Gotteshäusern in **Dahnsdorf** und **Mörz**. Einem Märchen entstiegen scheinen die *Feldsteinkirchen* in **Locktow** und **Neschholz**. In beiden wurden zu Beginn des 20. Jh.s die Bretterdecken und die Emporen kunstvoll bemalt. Vor allem das Neschholzer Kirchlein verursacht ungläubiges Staunen, denn die prunkvolle Aufmachung im Innern hat mit der äußeren Bescheidenheit wenig gemeinsam. Drei Kilometer weiter westlich tut sich in Lüsse (↗) ein ähnliches Bild auf.

Östlich von Niemegk, an der Straße nach Treuenbrietzen bietet sich ein Halt im Doppeldorf **Haseloff-Grabow** an. In Haseloff, etwas oberhalb und nördlich der B 102 steht eine schöne weiß getünchte *Holländermühle*.

Um nach Grabow zu kommen, biegt man in Haseloff am östlichen Ortsende ab. Man durchfährt zunächst eine Senke, bis das Dorf am knapp 110 m hohen Krickelberg erreicht ist. Sehenswert ist die *Feldsteinkirche*.

Von Grabow aus führen Wanderwege sternförmig in alle Himmelsrichtungen. Eine Route führt nach **Niederwerbig**. In der *Dorfkirche* hat man jüngst ein mittelalterliches Wandgemälde freigelegt (Einlass nach Voranmeldung im Pfarramt Schlalach ↗)

Angelteiche Werdermühle
14823 Niemegk-Werdermühle
Fon (03 38 43) 619-0 u. -619-16
Öffnungszeiten: tägl. 7.00 –18.00 Uhr, im Winter bis Sonnenuntergang

Feldsteinkirche in Locktow

Forellenanlage Locktow
Mühlenstraße, 14806 Locktow
Fon (03 38 43) 403 51
Öffnungszeiten:
Mo–Fr 8.00–16.30 Uhr, Sa 9.00 –11.00 Uhr, So 9.00–10.00 Uhr
Flugplatz Locktow
Hauptstraße 7, 14806 Locktow
Fon u. Fax (03 38 43) 418 18
www.flugplatz-locktow.de

Tourist-Information: siehe Brück
Veranstaltungen in Locktow:
2. Wochenende im Juni Flugfest
4. Wochenende im Oktober Fest der Drachen und Windspiele

Besichtigung der Kirchen in Dahnsdorf, Mörz, Locktow, Zietzow, Neschholz u. Lüsse nach Voranmeldung im Pfarramt, Dorfstraße 14, 14806 Mörz, Fon (03 38 43) 403 05

Holländermühle in Haseloff

TREUENBRIETZEN

Sabinchenstadt an der Nieplitz

Stadtinformation Treuenbrietzen
Großstraße 17
14929 Treuenbrietzen
Fon (03 37 48) 121 02
Fax -128 52
www.treuenbrietzen.de
E-Mail: Stadtinfo_Treuenbrietzen@t-online.de

Veranstaltungen in Treuenbrietzen:
Frühjahr Sabinchenwahl
Mitte Juni Sabinchenfest
Oktober Schützenfest
Anfang Dezember Weihnachtsmarkt

„Et wird hiermit angeditt, dat keiner in die Beke schütt, denn morjen wird gebrout."

Rathaus

In der Stadt an der Nahtstelle zwischen Baruther Urstromtal, Hohem und Niederem Fläming gibt es einiges zu entdecken, etwa die breite Großstraße mit dem Rathaus, Gassen und Plätze mit reizvoller Fachwerkbebauung, Kirchen, Reste der ehemaligen Stadtbefestigung und ein sehenswertes Heimatmuseum.

Treuenbrietzen entstand um die Wende zum 13. Jh. im Schutz einer ehemals wendischen, dann deutschen Grenzburg. Als „civitati nostre Bryzene" ist für das Jahr 1290 der Stadtstatus überliefert, freilich damals noch ohne den Zusatz „Treuen-". Treuenbrietzen ist also durch und durch märkisch, erkennbar auch am roten Adler im Stadtwappen. Ackerbau, Viehzucht und verschiedene Handwerksberufe, organisiert in mehreren Gilden – etwa der Leineweber, Schuhmacher und Gerber – sorgten im 15. Jh. für ein gutes Auskommen.

Doch im 30-jährigen Krieg besiegelten die zerstörungswütigen Schweden und die Pest fast das Ende der Stadt. Von den einst etwa 1.400 Einwohnern entgingen gerade mal 50 dem Tod. Der spätere Aufstieg Preußens in Europa wirkte sich auch an der Nieplitz aus. Die Tuchmacherei entwickelte sich zum wichtigsten Handwerk in der Stadt. Auch die zahlreichen Branntweinbrenner und Brauer konnten sich nicht über schlechten Absatz beklagen. Das Wasser zum Bierbrauen entnahmen sie den nahen Stadtbächen, und es war den Bürgern untersagt, diese vor Ostern und damit zur Brauzeit zu verschmutzen.

Der Ort zählte mehr Häuser, als die seinerzeit zu Sachsen gehörenden Nachbarn Belzig und Niemegk zusammen. 1894 hielt der erste Zug aus Jüterbog am Stadtbahnhof. Heute entlassen Doppelstockzüge aus Berlin am Bahnhof südwestlich der Stadt ihre Reisenden. Die 1904 hergestellte Verbindung über Niemegk nach Belzig wurde dagegen inzwischen stillgelegt und wird von Bussen bedient.

Wahrzeichen Treuenbrietzens ist das *Rathaus*. Der weiße Bau dominiert die marktähnlich geweitete Großstraße in der Altstadt. Ein Rathaus kennt man in Treuenbrietzen mindestens seit dem ausgehenden 13. Jh. Der heutige Bau entstand 1738, damals noch mit zwei Geschossen, das obere dritte wurde erst 1936 aufgesetzt. Die Säulenhalle, lange Zeit als Wachlokal genutzt, hatte man bereits 1862 angefügt. An der Rückseite des Rathauses stehen einige alte Häuser als Block inmitten der Großstraße. Die so genannten *Haken- oder Hökerbuden* waren einst Handelshäuser von Treuenbrietzener Kaufleuten, die ihre Waren an Haken hängend anboten und „verhökerten".

Einen Brunnen vor dem Rathaus gibt es in Treuenbrietzen seit 1913, diesen zierte damals ein Standbild Friedrichs I., erster Hohenzollern-Kurfürst in der Mark. Das Bronzeabbild verschwand nach dem Zweiten Weltkrieg auf Nimmerwiedersehen. Stellvertretend schmückt seit 1984 die vom Meißner Grafiker und Keramiker Lothar Sell gestaltete Sabinchenfigur den Platz. Seither heißen die Wasserspiele *Sabinchenbrunnen*. Über die Stadt hinaus genießt die Magd durch eine schaurig-schöne Moritat Berühmtheit, deren Melodie vielen geläufig ist (↗ S.72). Erstmals gesungen wurde das Lied 1795 in Jenaer Studentenkreisen. Alljährlich wählt man aus den Reihen der Treuenbrietzener Töchter und Söhne ein Sabinchenpaar, das dann beim traditionellen *Sabinchenfest* im Juni das gemordete Mädchen und den treulosen Schuster wieder aufleben lässt.

Heimatmuseum Treuenbrietzen
Großstraße 105
14929 Treuenbrietzen
Fon (03 37 48) 705 06
Fax im Rathaus -152 51
Öffnungszeiten:
Mi–Fr 13.00–17.00 Uhr
Sa/So 10.00–12.00 u.
13.00–17.00 Uhr

Über die Altstadt verteilt finden wir hübsche traufständige Bürgerhäuser, die, teils mit offenem Fachwerk, teils als Putzbauten, der Stadt einen malerischen Charakter verleihen. Fachwerk begegnet uns auch am *Heimatmuseum* in der Großstraße/ Ecke „Hinter der Mauer". Gebaut im 14. Jh., bot die im Erdgeschoss eingerichtete Heilig-Geist-Kapelle mittellosen Treuenbrietzenern und Durchreisenden Raum und Muße zum Beten. Das später verfallene obere Stockwerk diente als Wachturm für die Stadtbefestigung, von der nebenan noch ein *Stadtmauerrest* steht. Die der Großstraße zugewandte gotische Backsteinfassade setzte man im 15./16. Jh. davor. Mit der Reformation kam für die Kapelle das Aus. Im 30-jährigen Krieg setzte der Verfall ein. Erst 1936/38 erkannte man den Wert der alten Gemäuer und erhöhte das untere Feldsteingeschoss um eine Fachwerketage und das auffällige Kegeldach. Seither öffnet das Treuenbrietzener Heimatmuseum hier seine Pforten. Die Ausstellung erlaubt einen interessanten Blick auf alte Treuenbrietzener Traditionen und die Handwerksgeschichte der Stadt.

Großstraße mit Heimatmuseum

Hier am südwestlichen Ende der Großstraße steht noch eine *preußische Postsäule* von ca. 1820. An der Feldsteinmauer entlang durch die Straße „Hinter der Mauer" kann man im Uhrzeigersinn schön um die nordwestlich der Großstraße gelegene Altstadthälfte herumlaufen. Dabei passiert man den *Pulverturm*, Überbleibsel der 1296–1306 erbauten Stadtbefestigung und bis 1877 Pulver- und Munitionsdepot der hiesigen preußischen Gar-

Pulverturm

Marienkirche

Evangelisches Pfarramt
Großstraße 48, Treuenbrietzen
Fon (03 37 48) 153 79
oder: Großstraße 51, Fon -153 63
oder: Kirchenbüro, Großstraße 48
Fon -701 65
Öffnungszeiten:
Ostern bis Reformationstag
Sa/So 14.00–16.00 Uhr
sonst nach Voranmeldung

Katholisches Pfarramt
Neue Marktstraße 15
Fon u. Fax (03 37 48) 154 26
Gottesdienst sonntags 11.00 Uhr

Nikolaikirche

nison. Rechter Hand strebt ein denkmalgeschützter *Wasserturm* von 1910 zum Himmel, er ist zwar nicht mehr in Betrieb, kann aber im Notfall noch immer seiner ursprünglichen Aufgabe gerecht werden.

Über Gartenstraße und Pfarrgasse stößt man auf die *Marienkirche*. Sie bestimmt jenen Teil der Stadt, wo sich vor langer Zeit die Burg an der Nieplitz befand. St. Marien, mit deren Bau um das Jahr 1220 begonnen wurde, ist im Kern eine spätromanische Basilika. Vom reinen Feldsteinmauerwerk ging man im Laufe der Bauarbeiten zu Backstein über, der Stil wandelte sich zur Gotik. Chor und Querschiff erinnern an die Klosterkirche in Zinna. Der mächtige Turm und die Sakristei im nördlichen Kreuzarm wurden um 1500 ergänzt. Die Überformungen im Innern aus dem 18. und 19. Jh. beseitigte man Mitte des 20. Jh.s größtenteils. Aus dem Barock blieben der Altar, die Kanzel und die Orgel erhalten, letztere eingefügt 1740–42 von einem der bekanntesten deutschen Orgelbauer seiner Zeit, Joachim Wagner (↗ Jüterbog sowie Angermünde in Bd. Die Uckermark). Auch Martin Luther soll in St. Marien gepredigt haben, es heißt aber auch, dass ein Kaplan dem Reformator den Zutritt zur Kanzel verweigert haben soll, sodass dieser an der Linde vor der Kirche sein Wort an die Bevölkerung richten musste. Zumindest der Name des mächtigen Baums *„Lutherlinde"* bestärkt die zweite Version in ihrem Wahrheitsgehalt.

Im Süden der Altstadt finden wir die seit 1968 von der kleinen katholischen Gemeinde genutzte *Nikolaikirche*. Treuenbrietzen besaß in seiner Entstehungszeit zwei Siedlungskerne, nämlich rund um die Burg und St. Marien sowie im Bereich der Neuen Marktstraße. Diesem Umstand verdankt die Stadt zwei große Gotteshäuser. Der Baubeginn von St. Nikolai fällt in das 13. Jh. Anders als bei der Schwesterkirche an der Marienkirchstraße, hat man sich hier auf die Verwendung von Backstein beschränkt. Einmalig für Brandenburg ist der Vierungsturm von 1756. Vierung nennt man jene Stelle eines Kirchenbaus, an der sich Lang- und Querhaus kreuzen. Wer sich beim Pfarramt um Einlass bemüht, dem begegnen im Kircheninnern Reste bauzeitlicher, 1969 freigelegter Gewölbemalereien, sehenswert auch die Darstellung des gekrönten Jesus', aus der ersten Hälfte des 15. Jh.s in der Apsis und die Sakristei von 1519 mit Sterngewölbe.

Zum Schluss dieses Kapitels noch zwei Badetipps:
Das *Freibad* in der Parkstraße ist auch für ungeübte Schwimmer geeignet, anders der *Baggersee* westlich der Stadt, links der Straße nach Niemegk (Foto rechts). Der Natursee bietet eine schöne Kulisse, hier sollten sich aber nur jene tummeln, die sich über Wasser halten können. Die Badestellen sind nicht beaufsichtigt.

Baggersee

Freibad Treuenbrietzen
Parkstraße
Fon (03 37 48) 747 33
Öffnungszeiten:
Mai bis Sept. 9.00–20.00 Uhr

Christoph Nichelmann und Friedrich Heinrich Himmel – zwei Musiker aus Treuenbrietzen

Das 18. Jh. hat in Treuenbrietzen zwei Männer hervorgebracht, deren Kompositionen zwar weit weniger bekannt sind, als etwa die eines Beethovens, gleichwohl die musikalische Szene bis in unsere Zeit bereichern. Christoph Nichelmann kam am 13. August 1717 in der Neuen Marktstraße 1 zur Welt. Er erlernte das Orgelspiel und studierte in Hamburg und Berlin Musik. Friedrich der Große berief ihn an seine königliche Kapelle, in der er 1745–56 als zweiter Cembalist auftrat. Mit Hingabe widmete sich Nichelmann deutscher Musik, die er unter anderem mit Philipp Emanuel Bach zur Aufführung brachte. Die letzten sechs Jahre seines Lebens arbeitete Nichelmann als Musiklehrer, bis er einsam und mittellos 1762 in Berlin starb. Seine eigenen Kompositionen sind zwar bekannt, werden aber heute nur noch selten in den Konzertsälen gespielt.
Besser erging es Friedrich Heinrich Himmel, geboren 1765 in der Großstraße 68. Schon im Kindesalter konnte Himmel mit Klavier und Orgel umgehen. Später, als Feldpfarrer in Potsdam, wurde Friedrich Wilhelm II. auf den Treuenbrietzener aufmerksam. Der König finanzierte ihm eine Musikausbildung in Dresden und ermöglichte ihm eine Studienreise nach Italien. 1795 wurde er preußisch-königlicher Kapellmeister. Er gab Konzerte in Deutschland und Nordeuropa, komponierte ein umfangreiches Werk, das von Kantaten bis zu Opern reichte. Berühmte Männer kreuzten seine Wege, darunter Beethoven und Goethe. Doch so aufregend sein Leben war, Himmel starb früh, 49-jährig am 8. Juni 1814 in Berlin.

In der Neuen Marktstraße

Wie aus Brietzen Treuenbrietzen wurde

Zu Beginn des 14. Jh.s regierte in Brandenburg Markgraf Waldemar. Es war eine gute Zeit, denn Handel und Handwerk blühten damals kräftig auf. Nachdem mit Waldemars Tod 1319 der letzte askanische Markgraf beerdigt war, bestieg Ludwig IV. den Thron. Er war der erste märkische Herrscher des bayrischen Geschlechts der Wittelsbacher. Nicht jedem im Lande war die neue Dynastie an der Spitze des Landes genehm. Viele Städte und Adelsherren erkannten Ludwig nicht an. Die Luxemburger, ebenfalls erpicht auf die Herrschaft im Brandenburgischen, ersannen im Verbund mit Pommern und dem Magdeburger Erzbischof eine List, um die Wittelsbacher zu vertreiben.

Sie verbreiteten die Mär, Waldemar sei gar nicht tot, sondern wäre nur auf einer Pilgerfahrt gewesen. Und weil er nun wieder da sei, könne er auch seine Amtsgeschäfte wieder aufnehmen. Es war eine leichtgläubige Zeit damals, und die Ähnlichkeit des falschen Waldemars mit dem verstorbenen wird das ihre dazu beigetragen haben, dass viele Städte dem vermeintlich Zurückgekehrten huldigten.

Frankfurt (Oder), Beelitz und das treu zum Wittelsbacher stehende Brietzen widersetzten sich dem falschen Waldemar. Soldaten zogen aus, die rebellischen Städte zu bändigen. Brietzen verteidigte sich mit allem, was es aufbieten konnte. 1348 schließlich eilte Ludwig der Bayer mit seinen Truppen den Brietzenern zu Hilfe. Nur wenig später war der falsche Waldemar entlarvt, das politische Narrenstück hatte ein Ende.

Weil die Brietzener so ergeben dem Wittelsbacher ihre Loyalität bewiesen hatten, durften sie sich fortan mit den bayrischen Farben Blau und Weiß schmücken, was sie mit ihrer Stadtfahne noch immer tun. Und der Name „Treuen“ brietzen? Der bürgerte sich im 14./15. Jh. ein, und so ist es bis heute geblieben. (zum „falschen Waldemar“ ↗ Gransee in Bd. Das Ruppiner Land)

(Rad)Wanderung durch den Zarth nach Bardenitz und zurück durch das Nieplitztal nach Treuenbrietzen: ca. 20 km
(Karte S. 75)

Von der Großstraße führen Bäcker- und Jüterboger Straße in Richtung Süden. Nach etwa 300 m biegt die Sernowstraße links nach Osten ab. Durch die Ebene des auslaufenden Baruther Urstromtals erreichen wir nach zwei Kilometern am Torfteich das *Naturschutzgebiet „Zarth“*. Seit 1961 sind die 250 ha des Zarth mit seinen Moorzonen, Feuchtbiotopen, Wiesen und Laubmischwäldern unter Schutz gestellt. Regenwasser, das oben im Fläming versickert, tritt hier quellenreich zu Tage. Fünf seltene Orchideenarten bereichern die vielfältige Flora des Gebiets.

Orchidee im Zarth: Breitblättriges Knabenkraut

Die Stille des Zarths verlassend, erreichen wir bald **Bardenitz**. 1994 wurde der Ort zum schönsten Dorf des Kreises Potsdam-Mittelmark gekürt. Nicht unberechtigt, wie die zahlreichen gut erhaltenen *Vierseithöfe* und der reiche Blumenschmuck vor den Häusern zeigen.

Es lohnt ein kleiner Abstecher ins reizvolle **Pechüle** etwas weiter östlich. Das Schiff der *Dorfkirche* soll der älteste Backsteinbau aus dem 13. Jh. im gesamten Fläming sein. Der Turm ist jüngeren Datums (15. Jh.). Wieder zurück in Bardenitz, geht es am südlichen Ortsende in Richtung Frohnsdorf. Unterwegs passieren wir die *Hermannsmühle*, ein Bau von 1860, an dessen Seite sich noch ein Mühlenrad dreht.

Der Waldweg bis Frohnsdorf steigt von gut 50 m üNN bei Bardenitz auf etwa 90 m an. Hinter der Siedlung weist ein Schild den Weg zur *Nieplitzquelle*. Bis zur Mündung in die Nuthe bringt das Flüsschen 53 km hinter sich. Noch im 19. Jh. waren einige Abschnitte sogar schiffbar. Von der Quelle führt uns der Hermann-Löns-Weg durch schönen Mischwald, immer dem Lauf der Nieplitz folgend zurück nach Treuenbrietzen.

Im oberen Nieplitztal

Radroute Treuenbrietzen – Schlalach – Brachwitz – Niebel – Bardenitz – Treuenbrietzen: ca. 33 km (Karte S. 75)

Zunächst geht es ein kurzes Stück neben der Bundesstraße 2 zum nördlichen Stadtausgang. Hier biegen wir nach links in Richtung Schlalach ab. Von Wald, Wiesen und Feldern begleitet, führt die Straße nach **Schlalach**.

Pfarramt Schlalach
Mittelstraße 14
14822 Schlalach
Fon (03 37 48) 15 516

Wer zuvor einen Termin ausgemacht hat, versäumt nicht die von außen zwar schlichte, im Innern aber wundervoll ausgestaltete *Dorfkirche*. Besonders hervorzuheben ist die im Jahre 1715 reich ausgemalte gewölbte Bretterdecke. Die Emporen sind ebenfalls mit Malereien versehen, schön auch der Schnitzaltar.

An dem das Dorf durchschneidenden Mühlengraben finden wir eine seit längerem stillgelegte alte *Wassermühle*. Am nördlichen

Hauseingang in Bardenitz

Dorfausgang biegt eine Straße nach **Brachwitz** ab, einem typischen Angerdorf. Sehenswert in der *Kirche* auf dem Anger ist ein barocker Kanzelaltar (im Schaukasten ist angeschlagen, wer die Kirche aufschließt).

Die Route führt weiter zur B 2, die wir ein Stück nach Süden befahren, um sie nach 1,5 km wieder zu verlassen. Zwischen Niebel und Niebelhorst, in der flachen Ebene des Baruther Urstromtals wechseln wir auf die rechte Seite der Nieplitz.

Hinter Niebelhorst mündet die Straße auf eine gut ausgebaute, wenig befahrene Allee, die uns nach Bardenitz bringt. Im Mai/Juni schauen hier auf weiten Flächen Spargelköpfe aus den angehäuften Erdreihen. In dieser Gegend lagerte Ludwig der Bayer mit seinen Truppen, bevor er 1348 den Brietzenern zu Hilfe eilte. Die beiden hübschen Dörfer Bardenitz und Pechüle bieten sich für eine längere Rast an (↗ S. 71). In der warmen Jahreszeit blüht es hier überall. Typisch für die Region sind die gut erhaltenen *Vierseithöfe*. Im Süden von Bardenitz biegt eine Straße nach Westen ab. Durch den Wald, zunächst bergan, dann bergab, kommen wir an den Ausgangspunkt Treuenbrietzen zurück.

Sabinchenpaar 2000

Das Sabinchenlied

Sabinchen war ein Frauenzimmer, gar hold und tugendhaft.
Sie lebte treu und redlich immer bei ihrer Dienstherrschaft.
Da kam aus Treuenbrietzen ein junger Mann daher,
der wollte gern Sabinchen besitzen und war ein Schuhmacher.
Sein Geld hat er versoffen, in Branntwein und in Bier.
Da kam er zu Sabinchen geloffen und wollte welches von ihr.
Sie konnt' ihm keines geben, drum stahl sie auf der Stell',
von ihrer sauberen Dienstherrschaft, zwei silberne Blechlöffel.
Doch schon nach sieben Wochen, da kam der Diebstahl raus.
Da warf man das Sabinchen mit Schande aus dem Haus.
Sie klagt's ihm mit Gewissensbissen, ihr ist das Herz so schwer.
Doch jetzt will nichts mehr von ihr wissen der Treuenbrietzener.
„O, du verfluchter Schuster, Du rabenschwarzer Hund!"
Da nimmt er gleich sein Rasiermesser und schneid't ihr ab den Schlund. Das Blut himmelaufwärts spritzte, Sabinchen sank um und um. Der treulose Schuster aus Treuenbrietzen,
der stand um sie herum.
In einem düst'ren Keller, bei Wasser und bei Brot, da hat er endlich eingestanden die schaurige Moritot. Am Galgen war der Treuenbrietzener gehängt durch seinen Strick.
Dazu hat ihn gebracht die Untreu' und auch die falsche Tück'.
Und die Moral von der Geschicht: Trau' keinem Schuster nicht!
Denn der Krug geht so lange zum Wasser, bis ihm der Henkel abbricht.

NATURPARK NUTHE-NIEPLITZ

Märkisches Zweistromland

Die Landschaft zwischen Nuthe und Nieplitz strahlt eine erholsame Ruhe und ländliche Gelassenheit aus, die man nur ca. 30 Minuten von Potsdam und rund 45 Minuten vom Berliner Ku'damm entfernt nicht für möglich hielte.

Über weiten Wiesen kreist majestätisch der Rotmilan. Viele der alten märkischen Dörfer besitzen Feldsteinkirchen, die meisten ihren eigenen Storchenhorst. Überflutete Wiesen und naturnahe Bruchwälder erinnern an ursprüngliche Wildnis: ein Dorado für Wasser- und Watvögel. Hier rasten im Frühjahr und Herbst tausende von nordischen Wildgänsen und hunderte von Kranichen. Aber nicht nur See- und Fischadler, Fischotter, Rotbauchunke und verschiedene Orchideenarten können in diesem dünn besiedelten, weitgehend unzerschnittenen Niederungsgebiet beobachtet werden. Auch mit seinen kleinen Schönheiten spricht der Naturpark alle Sinne an: Süßer Pappelduft hängt über den Ufern von Nuthe und Nieplitz, die Moorwiesen duften im Juni nach Baldrian. Die Ödlandschrecke produziert mit ihren kornblumenblauen Hinterflügeln ein vernehmliches Schnarren. Und in der Dämmerung ist über dem Wasserspiegel der Seen das lautlose Huschen eines kleinen, mit nadelspitzen Zähnen bewaffneten Raubtieres zu beobachten: die Wasserfledermaus auf Beutefang.

Zwei Städte liegen im Naturpark: die für ihr Edelgemüse berühmte Spargelstadt Beelitz und Treuenbrietzen.

Mit dem ehemaligen Truppenübungsplatz Jüterbog West gehört eines der größten Naturschutzgebiete Brandenburgs zum Naturpark. Auf dem viel kleineren ehemaligen militärischen Übungsgelände Glauer Tal wird ein einzigartiges Projekt in einer Kombination von Naturschutz, Tourismus und Forschung durchgeführt: Freilaufendes Muffel-, Dam- und Rotwild soll durch Verbiss und Tritt die Offenlandschaft des 160 Hektar großen eingezäunten Areals erhalten. Den Besuchern bietet sich die Möglichkeit, die Tiere wie in freier Wildbahn zu erleben.

Der noch junge Naturpark besitzt bisher kein fertiges Besucherzentrum. Auch der Aufbau eines Besucherleitsystems erfolgt erst nach und nach in den kommenden Jahren.

Naturparkverwaltung im Naturschutzzentrum Stücken
Zauchwitzer Str. 51
14547 Stücken
Fon (03 32 04) 359 01
Fax -418 69

Naturwacht Nuthe-Nieplitz
Fon (03 32 04) 338 14
Fax -338 15

Kranich, Wappentier des Naturparks

Wiesenlandschaft an der Nieplitz

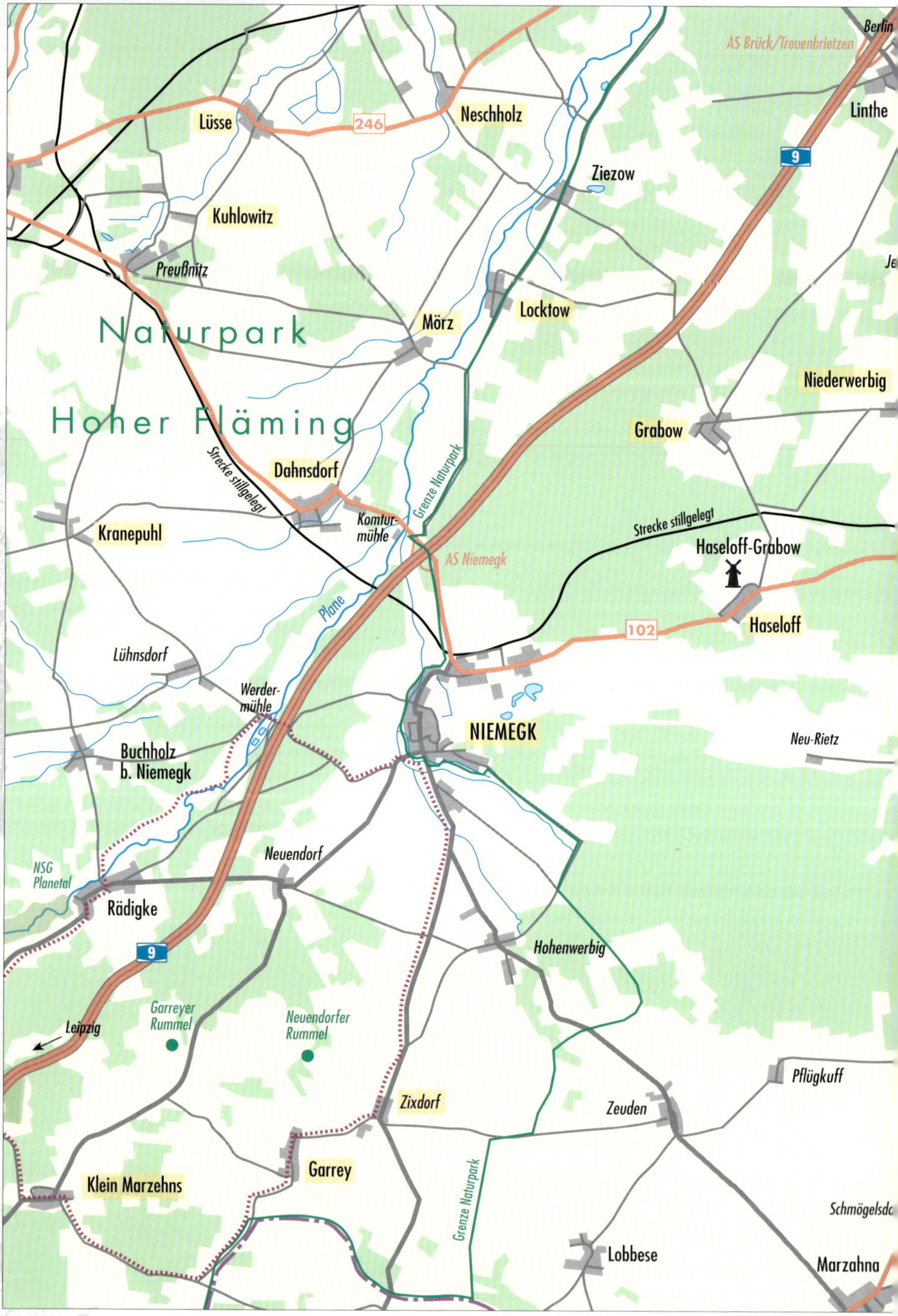
Berlin
AS Brück/Treuenbrietzen
Lüsse
246
Neschholz
Linthe
9
Ziezow
Kuhlowitz
Preußnitz
Naturpark
Hoher Fläming
Mörz
Locktow
Niederwerbig
Grabow
Strecke stillgelegt
Dahnsdorf
Grenze Naturpark
Kranepuhl
Komtur-
mühle
AS Niemegk
Strecke stillgelegt
Haseloff-Grabow
Haseloff
102
Plane
Lühnsdorf
Werder-
mühle
NIEMEGK
Neu-Rietz
Buchholz
b. Niemegk
Neuendorf
NSG
Planetal
Rädigke
Hohenwerbig
9
Garreyer
Rummel
Neuendorfer
Rummel
Leipzig
Pflügkuff
Zixdorf
Zeuden
Garrey
Klein Marzehns
Grenze Naturpark
Lobbese
Marzahna

Buchholz bei Treuenbrietzen
Lühsdorf
Mühlengraben
Brachwitz
Schlalach
Niebel
Naturpark Nuthe-Nieplitz
2
Niebelhorst
Nieplitz
Nichel
Fließ
Bardenitzer
Berliner Siedlung
TREUENBRIETZEN
NSG Zarth
Treuenbrietzen Süd
Rietz
Rietz-Bucht
Pechüle
Bardenitz
Nieplitz
Frohnsdorf
Klausdorf
2
102
Grenze Naturpark
Nieplitzquelle
Lüdendorf
Dietersdorf
Schwabeck
Feldheim
Tourist-Information
Windmühle
Radroute S. 64/65
(Rad) Wanderroute S. 71
Radroute S. 71/72
0
5 km
N

DER WESTLICHE NIEDERE FLÄMING

Weites Land zwischen Jüterbog und der Glücksburger Heide

Weite zu beschreiben fällt gelegentlich schwer, zumal, wenn die Weite sich nicht nur horizontal in die Ferne, sondern auch vertikal in Richtung Himmel wendet. Besonders hier, im Niederen Fläming, wo die Landschaft einer unbewegten sanften Dünung gleicht und der Duft im Wind sich wiegender Getreidefelder geradezu betörend die Nase verzaubert, scheinen Erde und Himmel so weit auseinander. Man kann sich beinahe klein vorkommen an einem Flecken wie diesem.

Größe bewiesen dagegen die kreativen Baumeister, deren Werke diesen Teil des Flämings schmücken.

Besonders Jüterbog, wirtschaftlicher wie touristischer Mittelpunkt der Region im Südwesten Brandenburgs ist von mittelalterlicher Architektur geprägt. Friedrich der Große und die Zisterzienser vermachten dem Niederen Fläming mit Kloster Zinna ein kulturhistorisches Kleinod ersten Ranges. Dennewitz schließlich war 1813 Austragungsort einer jener bedeutenden Schlachten, die mithalfen, Preußen und Europa im 19. Jh. vom napoleonischen Joch zu befreien. Etliche Denkmäler und Gedenksteine erinnern noch heute an das siegreiche Gefecht über den korsischen Imperator.

Begleiten Sie uns zu den drei genannten und zu weiteren Orten dieses Landstrichs, einen kleinen Abstecher ins nahe Sachsen-Anhalt inbegriffen. Die Zugverbindungen in den Niederen Fläming sind gut. Von Berlin Zoo dauert die Reise nach Jüterbog nur etwa 70 Minuten, von Wittenberg eine halbe Stunde. Weitere Bahnhöfe sind in Altes Lager, Niedergörsdorf und Oehna.

Schafherde bei Borgisdorf

Die Dächer von Jüterbog

JÜTERBOG

Das mittelalterliche Herz des Flämings

Eine Reise nach Jüterbog ist immer auch ein Ausflug in die Geschichte. Nur wenige Städte der Mark Brandenburg sind mit einer derart großen Zahl historischer Bauwerke gesegnet. Die Stadtmauer mit ihren Türmen und Toren, das Rathaus, die Kirchen und die vielen alten Bürgerhäuser in den engen Gassen entführen den Besucher in die Zeit des Mittelalters.

Schon im Jahre 1007 beginnt die niedergeschriebene Vergangenheit der Stadt: „ad locum, qui Iutriboc appellabatur". Aus dem slawischen „Iutriboc" wurde dann mit der Zeit „Jüterbog". 1157 vom Magdeburger Erzbischof erobert, erhielt der Ort bereits 1174 das Stadtrecht. Jüterbog teilte seine politische Zugehörigkeit stets mit der Nachbarstadt Dahme: Bis 1635 magdeburgisch, dann sächsisch bzw. 1657–1746 der Linie zu Sachsen-Weißenfels unterstehend, zog 1815 Preußen ein und machte die Stadt zum Verwaltungsmittelpunkt des Kreises Jüterbog-Luckenwalde. An diese Zeit hätten die Jüterboger 1993 gerne angeknüpft, doch bei der jüngsten Vergabe des Kreissitzes machte der Nachbar Luckenwalde das Rennen.

Als Blütezeit der Stadt gilt das Mittelalter, unterbrochen durch einen schweren Brand 1478, bei dem von 365 Häusern dreihundert in Flammen untergingen. Auf den Wiederaufbau in der Folgezeit geht der heutige Stadtgrundriss zurück: zwei durchgehende Straßenzüge mit Mönchen-, Zinnaer Straße und Planeberg im Norden sowie Pferdestraße, Große Straße im Süden, dazwischen der Marktplatz mit dem Rathaus. Der 30-jährige Krieg stürzte auch Jüterbog ins Elend: von etwa 4.000 Einwohnern lebten am Ende des Krieges noch 300. Immer wieder wurden die Menschen von der Pest hinweggerafft. Schon 1495 starben an die zweitausend Leute an den Folgen der Seuche.

Stadtinformation im Rathauskeller
Markt 21
14913 Jüterbog
Fon u. Fax (033 72) 46 31 13
www.jueterbog.de
E-Mail: StadtJueterbog@t-online.de

Veranstaltungen in Jüterbog:

Juni Johannismarkt
Sept. Country Festival am Reitstadion
Sept. (Ende) Michaelismarkt
Okt. Oktoberfest
Dez. Adventsmarkt

Der Siebenjährige Krieg brachte Mitte des 18. Jh.s erneut Leid über die Bevölkerung. 1813 tobte ganz in der Nähe bei Dennewitz (↗) eine Befreiungsschlacht gegen Napoleon. Im 19. Jh. schließlich entwickelten sich Jüterbog und seine Umgebung selbst zu einem großen Garnisonsstandort, der bis 1939 ständig erweitert wurde.

Mit dem Einzug der Roten Armee am 20. April 1945 begann das vorerst letzte Kapitel Jüterbogs als Militärstadt. Dieses war 1994 mit dem Abzug der russischen Einheiten beendet. Ökonomisch stellt sich der Strukturwandel problematisch dar, der Umwelt und dem Tourismus aber kommt diese Entwicklung zugute.

Vor den Toren der Stadt beginnt der Naturpark Nuthe-Nieplitz, in dem weite Teile des ehemals militärisch genutzten Geländes mit Bruchwäldern und Mooren, Dünengebieten und Silbergrasfluren unter Naturschutz gestellt worden sind (↗ Naturpark Nuthe-Nieplitz). Der Tourismus soll eine wichtige Säule im Jüterboger Wirtschaftsleben werden und die Stadt ist auf dem Weg dorthin einen großen Schritt vorangekommen. Eine Menge Geld wurde in den vergangenen Jahren in die Sanierung der Altstadt gesteckt und so erstrahlt der mittelalterliche Backstein an vielen historischen Gebäuden wieder in leuchtend frischem Rot.

Wie Jüterbog zu seinem Namen kam

Es soll eine Zeit gegeben haben, da existierte die Stadt zwar schon, einen Namen aber hatte man ihr noch nicht gegeben. Die Ratsherren verwarfen stets jeden Vorschlag und konnten sich nicht auf einen gemeinsamen Nenner einigen.

Eines Tages aber hatten die Stadtväter genug von der selbstverschuldeten Unentschlossenheit. Sie begaben sich vor die Tore der Stadt und gelobten, ihr Gemeinwesen solle fortan den Namen dessen tragen, der da zuerst durchs Tor käme. Da näherte sich eine alte Magd mit einem Ziegenbock und sogleich fragte die versammelte Herrenschar nach ihrem Namen. Jutte heiße sie, so ließ sie verlauten – und die Stadtväter waren's zufrieden. Jutte und Ziegenbock vereinten sie zu Jüterbog. Als bestimmender Teil des Jüterboger Wappens ist der Bock bis heute ein Wahrzeichen der Stadt.

Neumarkt-Tor

Beginnen wir unsere Betrachtung der Jüterboger Sehenswürdigkeiten mit dem größten Baudenkmal, der *Stadtbefestigung*. Im Westen und Norden wird die Altstadt noch heute von den Resten der *Stadtmauer* begrenzt. Gebaut wurde sie ab 1300 in mehreren Etappen, wie man am Mauerwerk erkennt – letztmalig erhöht nach dem großen Stadtbrand von 1478. Anders als im Falle der Stadtmauern in Templin, Prenzlau und Wittstock, war die Jüterboger Mauer nicht mit Wiekhäusern, sondern mit einem Wehrgang ausgestattet (↗ Bde. Die Prignitz und Die Uckermark). Im 30-jährigen Krieg konnte der Verteidigungsring gegen die modernen Waffen nichts mehr ausrichten und wurde selbst Opfer von Zerstörung. Der Verfall der Mauer setzte sich sogar dann noch fort, als die preußische Regierung 1828 den weiteren Abbau untersagte. 1862–76 und selbst noch 1975 wurden Teile der Anlage abgerissen. Seit 1984 und verstärkt nach 1990 wird die Stadtbefestigung kontinuierlich gesichert und in Stand gehalten. Architektonisch von besonderem Wert und einmalig in Brandenburg sind die Stadttore: *Dammtor, Neumarkt-Tor und Zinnaer Tor*, sämtlich entstanden nach dem Stadtbrand von 1478. Auch wenn es in den vergangenen Jahrhunderten immer mal wieder bauliche Veränderungen gegeben hat, so zeugen die drei Tore doch in beeindruckender Weise vom Bestreben der Städte des Mittelalters nach Sicherheit. Zugleich stellte man das städtische Selbstbewusstsein zur Schau. Auf Jüterbog traf das in ganz besonderem Maße zu, galt es doch um 1520 als uneinnehmbar – was dann im 30-jährigen Krieg widerlegt wurde.

„Wer seinen Kindern giebt das Brot und leidet nachmals selber Noth, den schlage man mit der Keule todt."
Dieser Spruch hängt samt Keule an den Außenseiten aller drei Tore. Er symbolisiert das Recht der Stadt, ab Ende des 14. Jh.s selbst zu richten.

Ergänzt wurde die Stadtmauer noch mit zahlreichen *Türmen*, von denen sieben noch zu sehen sind. Die Verwendung von Feld- und Backstein markiert verschiedene Bauphasen. Eine besonders malerische Ecke finden wir am Ende der Pferdestraße an der *Luthereiche* (1883 gepflanzt), dem *Heilig-Geist-Platz*, der nach einer 1875 abgerissenen Kapelle benannt ist. Eine *Gedenktafel* erinnert hier an den ersten in Jüterbog angestellten evangelischen Pastor Thomas Schneidewein. Von konfessionellem Gemeinschaftsgeist geprägt, gewährte er der Kurfürstin Elisabeth Asyl und damit Schutz vor ihrem katholischen Ehemann Kurfürst Joachim I. von Brandenburg. Dieser ließ den Prediger nach Berlin oder Spandau verschleppen, wo sich seine Spuren verloren.

Am Dammtor

„In diesem feinen Städtlein habe ich auf einem großen schönen Platz eine gar gute, ja der Tractation (Bedienung), Bett und Losamenten (Unterkunft) halber fast die beste Herberge, so in Deutschland seyn soll, gefunden, in welcher beim jühlich'schen Vertrag auf einmal 24 Churfürsten und Fürsten Mahlzeit gehalten haben.“
Ein Augsburger Ratsherr, geschrieben 1617

Mittelpunkt Jüterbogs und zentraler Anlaufpunkt für die Besucher der Stadt, weil man hier auch die Tourist-Information findet, ist der *Markt*. Auf dem verkehrsberuhigten Platz stellen die Lokale im Sommer ihre Tische und Stühle nach draußen. Sie knüpfen damit an die Zeit an, als Jüterbog mit einem der besten Gasthäuser Deutschlands aufwarten konnte, dem Gasthof „Zu den sieben Kurfürsten“. Die prachtvolle dreigeschossige Herberge, deren Name auf einer Zusammenkunft verschiedener europäischer Herrscher anlässlich des Jülich-Kleveschen Erbfolgestreits 1611 in Jüterbog beruht, wurde 1632 durch unachtsame einquartierte Schweden ein Opfer der Flammen.
Besser erging es dem *Rathaus* am südlichen Ende des Platzes. Man muss kein Weissager sein, um anzunehmen, dass die Jüterboger 2007 ein großes Fest begehen werden. Dann nämlich jährt sich zum 500. Mal die Einweihung des Wahrzeichens, und die ein Jahrtausend zurückliegende Ersterwähnung kann man gleich mitfeiern. Was den Anschein erweckt, es sei aus einem Guss, entpuppt sich bei näherer Betrachtung als eine aus mehreren Teilen bestehende Architektur-Komposition.

Im 15. Jh. standen hier drei Gebäude: ein „kophus“ (Kaufhaus), das vornehmlich dem Handel diente, ein Turm – Burgfrieden genannt, unter anderem Rüstkammer der Stadt – und eine offene Gerichtslaube, die der Rechtsprechung diente (↗ zu Gerichtslaube Perleberg in Bd. Die Prignitz). Diese, in den Platz hineinragende, mit zwei gotischen Bögen versehene Gerichtslaube ist der einzige von außen zu identifizierende Teil. Er weist große Ähnlichkeit mit der einstigen Berliner Gerichtslaube auf (heute im Schlosspark Babelsberg, ↗ Bd. Potsdam). Den „Burgfrieden“

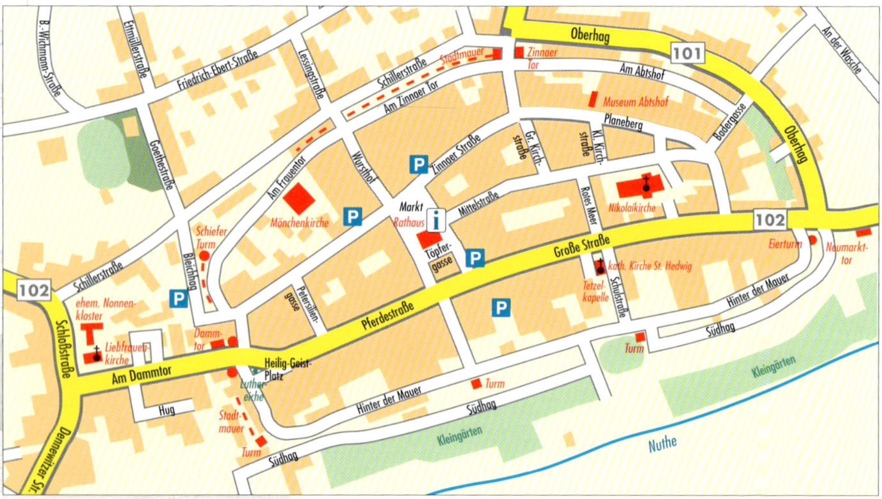

bezog man in den Neubau mit ein, das „kophus“ riss man dagegen ab. Allenfalls die asymmetrische Fensteranordnung rechts und links der ehemaligen Laube lässt diese Eigenheit erahnen. In den knapp 500 Jahren seiner Existenz wurden am und im Gebäude immer wieder kleine Korrekturen durchgeführt. Es lohnt sich, etwas genauer hinzuschauen. Prachtvoll sind die drei Giebel im Westen, Norden und Osten. Deren Ausschmückung mit verschiedensten dekorativen Elementen wie Stadtwappen, Ständesymbolen oder Tierkreiszeichen wurden zwischen 1936 und 1938 in einer als „Sgraffito“ bezeichneten Putztechnik ausgeführt; das Wort kommt aus dem Italienischen. Dabei werden mehrere in der Farbe voneinander abweichende Putze schichtartig aufgetragen und durch gezieltes Herauskratzen ornamentiert. Diese Art der Dekorierung ist erheblich dauerhafter, als eine Bemalung, vor allem an Außenwänden.

Rathaus

Rathaus Westgiebel

An der Nordost-Ecke des Rathauses wacht mit Schild, Schwert und Fahne ein eleganter Herr über Stadt und Platz – der *Heilige Mauritius*, Schutzpatron des Erzbistums und gestiftet zur Einweihung des Bauwerks vom damaligen Landesvater Erzbischof Ernst von Magdeburg. Die Figur ist eine getreue Kopie des Originals, das heute im Stadtmuseum Abtshof zu besichtigen ist. Wer sich nur den äußeren Reizen des Jüterboger Rathauses widmet, versäumt die innere Schönheit, die vor allem im so genannten *Fürstenzimmer* zum Ausdruck kommt. Seinen Namen verdankt der Raum dem Umstand, dass hier im Mittelalter häufig die verschiedensten Monarchen miteinander konferierten. Stilvoll mögen es schon die Herrscher der Vergangenheit empfunden haben, doch auch der Besucher der Gegenwart kann sich kaum dem Zauber entziehen, der vom kunstvoll ausgeführten Sternengewölbe an der Decke ausgeht. Spontane Besichtigungen sind leider nicht möglich. Weil das Rathaus auch heute noch der Stadtverwaltung dient, muss man an einer Führung durch das Gebäude teilnehmen, zu der man sich in der Stadtinformation anmelden kann.

Das historische Zentrum Jüterbogs ist voll von *Bürgerhäusern* aus dem 17. und 18. Jh., die in den letzten Jahren zu einem großen Teil liebevoll saniert worden sind. Besonderer Blickfang sind immer wieder einzelne Fachwerkhäuser, die sich auffällig unter die Putzbauten mischen.

Wer schlecht zu Fuß ist oder einfach nur lauffaul, kann sich mit einem kleinen Bähnchen durch Jüterbog chauffieren lassen. Bis zu 48 Personen finden darin Platz.
Informationen gibt's bei der Gaststätte „Schmied zu Jüterbog“
Markt 12, 14913 Jüterbog
Fon (033 72) 40 45 80
Fax -40 45 87

Städtisches Museum Abtshof
Planeberg 9
Fon u. Fax (033 72) 40 15 31
Öffnungszeiten:
Di–Do u. Sa/So 13.00–16.00 Uhr

Ev. Pfarramt St. Nikolai
Nikolaikirchplatz 1
Fon (033 72) 43 28 91
Öffnungszeiten:
Ostern bis Reformationstag
täglich 13–16 Uhr
Nov. bis März Besichtigung nach Anmeldung beim Pfarramt oder im Rahmen von Stadtführungen.
Informationen zu Konzerten in St. Nikolai bei der Stadtinformation

Hochzeit in St. Nikolai

Wer vom Markt die Zinnaer Straße in Richtung Osten geht, stößt linker Hand in der Straße „Planeberg" auf ein verhältnismäßig unscheinbares eingeschossiges Backsteingebäude mit hohem Dach und Staffelgiebeln. Es ist der um 1480 fertig gestellte *Abtshof*. Als Stadthaus des Abtes von Kloster Zinna (↗) diente das Erdgeschoss als Wohnraum, der Dachboden als Speicher für das Zehntgetreide, also jenem Zehntel des geernteten Getreides, das die Bauern der Umgebung ans Kloster abzutreten hatten. Heute ist der Abtshof Sitz des Jüterboger *Stadtmuseums*. Geschichte und Volkskunde der Region sind die wesentlichen Ausstellungsschwerpunkte. Typische Fläming-Trachten, die bis in die 60er Jahre des 20. Jh.s noch getragen wurden und heute auf Festen wieder eine Renaissance erleben, sind ebenso zu sehen wie ein Modell des mittelalterlichen Jüterbogs. Gotische Gewölbedecken verleihen den Ausstellungsräumen die passende Atmosphäre.

Wenden wir uns nun ganz anderen Baudenkmälern zu, denn neben aller weltlichen Großartigkeit hat Jüterbog auch hinsichtlich alter sakraler Mauern einiges zu bieten. Beginnen wollen wir unseren Reigen der Gotteshäuser mit der größten Kirche – *St. Nikolai*.
Sie eröffnet den Jüterbogern abermals einen Grund, 2007 ein Fest zu feiern, denn 700 Jahre zuvor (1307) taucht die Kirche zum ersten Mal in schriftlicher Form auf. Es ist zu vermuten, dass um diese Zeit mit dem Bau begonnen wurde. Mit der Vollendung des südlichen Turms war um das Jahr 1500 das Werk vollbracht. Markenzeichen von St. Nikolai sind die zwei asymmetrischen, über eine Brücke miteinander verbundenen Türme im Westen, der eine mit Spitzdach, der andere über der Türmerwohnung mit welscher Haube. Bis 1918 lebte hier hoch über der Stadt ein Türmer, der sich um die Turmuhr kümmerte und Alarm schlug, wenn Feinde im Anmarsch waren oder sich in der Stadt ein Feuer auszubreiten drohte. Die Jüterboger vergalten es ihm, indem sie Speis' und Trank herbeischafften, was, sicher in einem Korb verwahrt, vom Türmer zu sich hinaufgezogen wurde.

Betritt man die dreischiffige Hallenkirche, fallen sofort die Decken- und Wandmalereien ins Auge. Geradezu überschwänglich ging man Mitte des 15. Jh.s in der am südlichen Seitenschiff angebauten *Taufkapelle* ans Werk. Die gut erhaltenen Fresken

St. Nikolai, Südansicht

stammen allesamt noch aus dem Mittelalter. Das westliche Ende des Mittelschiffs wird komplett von der mächtigen Orgel eingenommen. Das reich gegliederte Instrument beeindruckt in vielfacher Hinsicht, dabei scheint es mit dem umgebenden Bauwerk regelrecht verschmolzen zu sein. Das Prospekt (Orgelgehäuse) von 1737 – 41 erinnert an die verschwenderische Formensprache des Barocks. Die zahlreichen Pfeifen erneuerte man 1908. Ihre Klangfülle und -reinheit zählen zu den hinreißendsten akustischen Erfahrungen, die man im Fläming machen kann. Weitere besondere Ausstattungsstücke sind der Altar im Chorumgang (um 1425), das Sakramenthaus aus Sandstein links daneben (1507) und die Kanzel von 1608 – allesamt aus der Zeit vor dem 30-jährigen Krieg. Ein weiterer Altar schwelgt üppig in den Formen des Barocks.

Ein Muss ist die Besteigung der Türme. Schnell die „Kasse des Vertrauens“ gefüttert und auf geht's: 217 Stufen führen im Südturm 46 Meter hoch in die Lüfte über der Stadt. Von hier oben genießt man einen herrlichen Blick auf das Häusergewirr Jüterbogs und die Landschaft des Niederen Flämings. Im Spitzdach des Südturms erkennt man an der Innenseite schwarze, zum Teil recht alte Handschriften – Zeugnis, dass das persönliche Verewigen mit dem eigenen Namen an markanten Punkten eine lange Tradition besitzt.

Seit 1540 wird in St. Nikolai nicht mehr katholisch, sondern evangelisch gebetet. Von den Wirren der Reformationszeit blieb auch Jüterbog nicht verschont. In der Taufkapelle finden wir den so genannten Tetzelkasten. Der aus Pirna stammende Johannes Tetzel, Dominikaner und Ablassprediger, sammelte in jener mittelalterlichen Truhe das Geld, das ihm reuige Sünder zur Vergebung ihrer Schuld übereigneten. Der Sachse war ein vehementer Verfechter der pekuniär erkauften Absolution. Sogar für die Vergebung der Sünden bereits Verstorbener nahm der marktschreierisch auftretende Tetzel Dukaten entgegen. Nicht zuletzt Tetzels Besuch in Jüterbog 1517 veranlasste Luther zum Schreiben seiner berühmten 95 Thesen in Wittenberg. Im Niederen Fläming fiel das reformatorische Gedankengut schnell auf fruchtbaren Boden. Anteil daran hatte auch Thomas Müntzer, der 1519 in St. Nikolai predigte.

Romantischer Winkel an der Tetzelkapelle

Den Ort, an dem Tetzel 1517 in Jüterbog gewohnt hat, kennen wir. Reste dieses aus Stein gebauten Hauses stehen in der Schulstraße (Zugang über Große Str. Nr. 86) auf dem Gelände der katholischen Gemeinde der Stadt. An diesem malerischen Plätzchen finden wir die *Tetzelkapelle*, ein kleines mittelalterliches Wohngewölbe, seinerzeit vom Hauseigentümer für die Eigennutzung eingerichtet.

Wie St. Nikolai und die Tetzelkapelle liegt die ehemalige *Mönchenkirche* noch innerhalb der Stadtbefestigung .
Sie wird seit 1985 als *Bibliothek, Theater- und Konzertsaal* genutzt. Etwa um 1510 war die einem Franziskanerkloster angeschlossene Kirche vollendet, es dauerte aber nur dreißig Jahre bis sie im Zuge der Säkularisation des Klosters zu einem evangelischen Gotteshaus umgewidmet wurde. Einen Turm hat der Backsteinbau, abgesehen vom Dachreiter, nie besessen. So haben wir eine dreischiffige Halle vor uns, in deren Ostchor Teile einer alten Kirche aus dem 13. Jh. verarbeitet wurden. Als 1812 napoleonische Truppen in Jüterbog Einzug hielten, wandelte man die gotischen Gemäuer in einen Pferdestall und ein Magazin um. Bei Restaurierungsarbeiten wurden 1925 spätgotische Wand- und Deckenmalereien entdeckt und damit sind wir auch schon bei der Innenausstattung. Die in Farbe aufgetragenen feingliedrigen Pflanzenranken im Mittelschiff und andere Decken- und Wandbilder gehen auf die Zeit von 1510 bis 1518 zurück. Eine besonders schöne Steinmetzarbeit haben wir mit der 1577 aus Sandstein gehauenen Kanzel vor uns, die sich kunstvoll, mit biblischen Reliefs versehen um einen der achteckigen Stützpfeiler windet. Der Schalldeckel darüber ist deutlich jünger (Ende 18. Jh.).

Die älteste Kirche Jüterbogs liegt auf einer kleinen Anhöhe westlich des Dammtores und damit bereits außerhalb der Altstadt – die *Liebfrauenkirche*. Geweiht 1174 und bereits fünfeinhalb Jahre später bei einem Slawenaufstand wieder zerstört, musste Liebfrauen immer wieder bauliche Veränderungen über sich ergehen lassen. Von der einstmals dreischiffigen Basilika blieb das Mittelschiff erhalten. Anders als deren 1890 aufwändig bemalte flache Holzdecke, ist der Ende des 15. Jh.s angefügte Chorraum mit einem Gewölbe ausgestattet. Beeindruckend der vertikal dreifach gegliederte Barockaltar von 1710. Die Kanzel, wie auch der Predigtstuhl der Mönchenkirche, ist ein Werk des Torgauer Stein-

Tetzelkapelle
Öffnungszeiten:
täglich 8.00–18.00 Uhr

Mönchenkirche
Theater- und Konzertstätte
Mönchenkirchplatz 4
Fon (033 72) 46 31 41
Fax -43 26 02
Informationen zum Programm
Di 9.00–12.00 u.
13.00–17.00 Uhr
oder bei der Stadtinformation
Stadtbibliothek
Fon (033 72) 46 31 40
Öffnungszeiten:
Di, Do–Fr 11.00 –17.00 Uhr
Sa 14.00–16.00 Uhr
oder bei Stadtführungen

Mönchenkirche

metzes Georg Schröder aus dem 16. Jh. Auf der Empore über dem Westeingang thront die barocke Orgel (1737), angefertigt von Joachim Wagner, einem berühmten Orgelbauer seiner Zeit (↗ Gransee in Bd. Das Ruppiner Land). Bei vereinzelten Konzerten füllt sich der Kirchenraum von Liebfrauen mit dem klangvollen Volumen wagnerscher Orgelbaukunst. Informationen zu diesen seltenen wohlklingenden Ereignissen erteilt die Stadtinformation.

Zwischen 1280 und 1557 war die Liebfrauenkirche, damals Heiligkreuzkirche genannt, Teil eines Zisterzienser-Nonnen-Klosters. Aus dieser Zeit ist nördlich ein *gotisches Zellengebäude* erhalten (um 1480). Das Fachwerkgeschoss mit dem darüber liegenden Dach sowie der Staffelgiebel wurden erst 1924 aufgesetzt. Das Gebäude wird heute vom Landkreis Teltow-Fläming genutzt. Das ebenfalls auf dem Gelände stehende *Amtshaus* von 1700 wurde aus Abbruchsteinen des Jüterboger Schlosses gebaut. Diese einstige magdeburgisch-erzbischöfliche Residenz befand sich im heutigen *Stadtpark* westlich der Altstadt. Die dorthin führende Straße (Schloßstraße) und der „Schloßteich" genannte Weiher im Park erinnern noch daran. Der zunächst als Burg, später als Schloss bezeichnete Bau wurde im 30-jährigen Krieg beschädigt und verfiel später. In der ersten Hälfte des 18. Jh.s rissen die Jüterboger ihn ab und bauten daraus neue Häuser.

Noch ein Tipp für weitere Unternehmungen:

Im Winkel von Schloss- und Dennewitzer Straße öffnet im Sommer das neu gestaltete Jüterboger *Freibad* seine Pforten.

Wie wäre es also mit einem sportlichen Sprung ins Wasser, vielleicht vor oder nach einer Radtour. Von Jüterbog bietet sich eine Route besonders an:

Radroute Jüterbog – Werder – Neuhof – Kloster Zinna – Grüna-Neuheim – Jüterbog: ca. 14 km (Karte S. 92 f.)

Die Tour führt uns, ausgehend vom Zinnaer Tor, zunächst über die Bundesstraße 101 (Zinnaer Vorstadt) in Richtung Norden. Nach etwa 800 m weist rechts der Werdersche Weg die Richtung.

Durch die grüne Nuthe-Niederung geht es nach Werder. Der Name des Dorfes **Werder** zeigt an, dass die ersten Siedler hier einst an einer von Sumpfland umgebenen trockenen Stelle ihr Lager aufschlugen, denn das Wort „Werder" steht immer für „Insel", egal ob von Wasser oder Morast eingeschlossen. In dem alten Pfarrhaus, direkt neben der *Wehrkirche* aus der 1. Hälfte des 13. Jh.s, geht es gemütlich und spielerisch zu. Eine *Puppensammlung* mit über tausend Exemplaren und altes Spielzeug lässt nicht nur Kinderherzen höher schlagen. Urig-ländlich ist es hier, der perfekte Ort für eine Rast, bevor es weitergeht,

Liebfrauenkirche
Öffnungszeiten:
Ostern bis Reformationstag
13.00–16.00 Uhr
sonst nach Vereinbarung unter Fon (033 72) 40 42 11 o. -40 71 64
u. im Rahmen von Stadtführungen

Erlebnisbad Jüterbog
Teichstraße, 14913 Jüterbog
Fon (033 72) 40 49 34
Öffnungszeiten:
Mai bis Sept. 8.00–20.00 Uhr

Café-, Wein- und Puppenstube
G. Beyer, Altes Pfarrhaus
Dorfstraße 33, 14913 Werder
Fon (033 72) 40 76 20

Zinngießerei Neumann
Dorfstraße 1, 14913 Neuhof
Fon (033 72) 40 35 62
Fax -40 27 92
Öffnungszeiten:
Sa/So, feiertags 10.00–13.00
u. 15.00–18.00 Uhr
Für Gruppen nach Vereinbarung
auch zu anderen Zeiten

immer entlang der Bahnschienen nach **Neuhof**. Am Wochenende öffnet hier eine *Zinngießerei* ihre Pforten, und man kann bei der Herstellung der kleinen Metallkunstwerke dabei sein oder sich selbst ein Mitbringsel für Zuhause gießen. Es dauert nicht lange und der Besucher entdeckt entweder beim Gießen oder im Ausstellungsraum seine Liebe für die rasch erstarrenden Miniaturen.

Von Neuhof geht es entweder zur Bundesstraße und auf dieser nach Kloster Zinna (↗) oder man wählt die Route zurück, zunächst wieder Richtung Werder, dann auf halbem Wege rechts nach Zinna. Nachdem man sich eingehend mit der interessanten Kloster- und Webersiedlung an der Nuthe beschäftigt hat, geht es abseits der Verkehrsströme über Grüna nach **Neuheim**. Dessen Bewohner wurden vor dem Zweiten Weltkrieg umgesiedelt, um den damals Dorf Zinna genannten Ort dem nahen Truppenübungsgelände einzuverleiben. Weil die Häuser nach Kriegsende noch intakt waren, kamen in dem zu Neuheim umbenannten Dorf deutsche Aussiedler aus dem böhmischen Gablonz (Jablonec) unter. Deren Nachfahren leben zum Teil noch heute hier. Jetzt gilt es, wieder ein wenig in die Pedale zu treten und nach kurzer Zeit erreichen wir den Ausgangspunkt Jüterbog.

Informationen zu Kloster Zinna:
Stadtinformation im Rathauskeller
Markt 21
14913 Jüterbog
Fon u. Fax (033 72) 46 31 13

Veranstaltungen in Kloster Zinna:
Nov. Schlachtefest am Markt

KLOSTER ZINNA

Von Mönchen, Webern und dem Alten Fritz

... und von historischen Klostermauern, doch beginnen wir zunächst mit einer Reise in die Vergangenheit. Erzbischof Wichmann von Magdeburg verfügte um 1170 die Gründung eines Zisterzienserklosters hier im Jüterboger Land. Die Mönche kamen

aus dem Rheinland und sollten mithelfen, den von Slawen besiedelten Raum zu missionieren und den neu erworbenen deutschen Machtbereich landwirtschaftlich zu erschließen und zu sichern. Das Kloster war zu Beginn nicht gerade reich, erwarb sich aber durch den Fleiß der Mönche und eine geschickte Landerwerbspolitik mit der Zeit große Besitztümer. Dazu gehörten im 15. Jh. das nahe Luckenwalde sowie vierzig Dörfer, darunter dreißig im Fläming und zehn auf dem Barnim. In Berlin, Jüterbog, Wittenberg und Strausberg besaß die Abtei Häuser, wahrscheinlich um die eigenen Handelsbeziehungen zu sichern und auszubauen. Außerdem konnte man sich über mannigfaltige sonstige Einnahmen freuen, etwa aus den Erlösen der Rüdersdorfer Kalksteinbrüche und der Wallfahrtskapelle am Golmberg bei Ließen (↗). Im Zuge der Säkularisation fielen die reichen Besitztümer 1553 dem Magdeburger Erzbischof und dem Brandenburger Kurfürsten zu.

Der einstige Wohlstand des *Klosters Zinna* ist deutlich an der Architektur abzulesen. Fast schon ein Wahrzeichen für den ganzen Fläming sind die beiden nach Süden ausgerichteten Giebel. Der linke, etwas vorstehende gehört zum ehemaligen Siechen- und Gästehaus des Klosters, auch *„Alte Abtei"* genannt. Das gotische Gebäude stammt aus der Zeit um 1350, der Giebel dagegen aus dem 15. Jh. Beeindruckender noch und mit erheblich mehr Detailverliebtheit ausgeführt ist der feingliedrige Staffelgiebel rechts am etwas zurückgesetzten Haus, der *„Neuen Abtei"* (um 1420). Westlich dieser beiden zweigeschossigen Backsteinbauten hebt sich die *Klosterkirche* mit ihrem sauber hochgezogenen Feldsteinmauerwerk stilistisch deutlich ab. Das ist nicht weiter erstaunlich, schließlich wurde der Bau schon 1226 geweiht. Die Decke der kreuzförmigen Basilika war zunächst als flacher Abschluss gestaltet worden, erhielt aber im 15. Jh. ein gotisches Gewölbe. Von außen wie von innen wirkt das klösterliche Gotteshaus sehr massiv. Auch die zum Teil farbigen Streben, der ausgemalte Chorraum und die Innenausstattung stehen diesem Eindruck kaum entgegen.

Neben Neuer und Alter Abtei sowie der Klosterkirche sind noch einige weitere Gebäude erhalten, außerdem ein etwa 100 m langes Stück *Klostermauer* im Nordosten. In der Abtskapelle der Neuen Abtei legte man 1958 beeindruckende Fresken frei, die zu den besterhaltenen gotischen Wandmalereien zwischen Elbe und Oder zählen.

Einlass in die historischen Räume gewährt das hier eingerichtete *Museum*, in dem man bei einem Rundgang nicht nur die schönen Räume bewundern kann, sondern auch gleichzeitig etwas über die Zisterzienser erfährt. Nebenan in der Alten Abtei lockt eine

Neue Abtei

Öffnungszeiten der Kirche:
in der Regel täglich
11.00–17.00 Uhr

Museum Kloster Zinna
und Schaudestille
„Zinnaer Klosterbruder"
Am Kloster 6
14913 Kloster Zinna
Fon (033 72) 43 26 10
Fax -43 95 05
www.dhm.de/museen/zinna
Öffnungszeiten:
Di–So 10.00–17.00 Uhr

Schaudestille mit Hochprozentigem. Hier brennt man die berauschende Essenz für den „Zinnaer Klosterbruder", einen Kräuterlikör, dessen Rezeptur der Legende nach auf den Erfindungsreichtum eines Zinnaer Mönchs zurückgeht.

Im Gegensatz zum Kloster ist der Ort Zinna sehr jung, gegründet 1764 im Auftrag Friedrichs II., dem Großen, als Kolonie für Oberlausitzer Weber. Ein Dorf Zinna gab es damals schon, so hieß nämlich in jener Zeit das heutige Neuheim einige Kilometer südwestlich. Es entstand eine Webersiedlung mit streng rechtwinkligem Straßenmuster und 150 Häusern, die mit jeweils zwei Morgen Land an die Kolonisten vergeben wurden. Die Tradition der Weber wird im *Webermuseum* lebendig gehalten. Im ehemaligen preußischen Zollhaus am südlichen Ortsende webt man noch immer. An vier Webstühlen, der älteste von 1838, werden Vorhänge, Tischdecken oder Kissenbezüge gefertigt. Zuschauen ist erwünscht und wer möchte, kann sich hier die halbe Aussteuer zusammenweben lassen.

Webermuseum
Berliner Straße 72
14913 Kloster Zinna
Fon (033 72) 43 27 39
Öffnungszeiten:
Di–So 10.00–17.00 Uhr

An den Gründervater der Kolonie erinnert man in Kloster Zinna mit einem *Denkmal am Markt*. Nach dem Zweiten Weltkrieg verschollen, steht der Alte Fritz als Nachguss seit 1994 wieder am angestammten Platz in der Ortsmitte. Um Kloster Zinna herum führt der so genannte *Wall*, ein im 18. Jh. angelegter Damm zum Schutz vor den Hochwassern der Nuthe, die damals, etwa zur Schneeschmelze, weite Teile der Umgebung überfluten konnte. Schön ist ein Spaziergang auf dem Wall, beginnend im Westen am ehemaligen Kloster-Brauhaus mit der daneben stehenden 1000jährigen Heiden-Linde (hier sollen früher die heidnischen Slawen getauft worden sein), dann an der Nuthe entlang, im Norden vorbei an einem ehemaligen *Herrenhaus*. Das Gebäude im Vorwerk Kaltenhausen aus dem beginnenden 20. Jh. gehörte zu einem großen Gut der Familie Bohnstedt. Nach dem Zweiten Weltkrieg wurde das Haus Schule. Mit deren bevorstehender Auflösung ist die zukünftige Nutzung ungewiss.

Herrenhaus Kloster Zinna

Machen wir nun einen Ausflug in den Süden und Südwesten von Jüterbog. 24 Orte haben sich hier zur über 200 km² großen Gemeinde **Niedergörsdorf** zusammengefunden. Bedeutendstes historisches Datum der Region ist der 6. September 1813. An diesem Tag tobte bei Dennewitz eine erbitterte Schlacht um die Befreiung Europas vom napoleonischen Joch. In dem Gemetzel verloren 10.000 Menschen ihr Leben. Die Namen der Generäle Bülow und Tauentzien, unter deren Befehl die siegreichen preußischen Truppen standen, finden sich in Deutschland an so manchen Straßenschildern. Am bekanntesten ist wohl „der Tauentzien", die Verlängerung des Ku'damms in Berlin.

Touristik-Information
Niedergörsdorf
Kastanienallee 21, OT Flugplatz
14913 Niedergörsdorf
Fon (03 37 41) 809 06
Fax -809 04
www.niedergoersdorf.de

Veranstaltungen
in Niedergörsdorf:
1. Mai Backofenfest in der Kulturscheune (Seehausen)
Pfingstmontag Mühlenfest mit Programm (Dennewitz, Gölsdorf, Mellnsdorf) →

Hier rund um **Dennewitz** sind es dagegen elf Gedenksteine und Denkmäler, die an die beiden Feldherrn und die Schlacht erinnern. Das *Bülow-Denkmal* von 1913 in Dennewitz fällt besonders ins Auge. Über dem Relief des Generals weisen zwei in Bronze gegossene preußische Soldaten die Richtung. Ebenfalls in Dennewitz, auf dem Platz an der Kirche steht der so genannte *Tauentzienstein*. Nur wenige Meter weiter ist der 6. September 1813 im *Dorfmuseum* gegenwärtig. Die Feldschlacht wird hier mit einem *Zinnfigurendiorama* wirklichkeitsnah dargestellt.

Tauentzienstein

Noch zwei Tipps für Dennewitz: Nachdem die Flämingtracht beinahe schon ausgestorben war, lebt diese Tradition in Seehausen und Dennewitz neu auf. In der *Trachtennäherei* Dennewitz kann man bei der kunstfertigen Stoffverarbeitung dabei sein und vielleicht selbst Maß nehmen lassen. Eine eigene Flämingtracht, ob für Mann oder Frau, ist sicher ein unvergessliches Souvenir. Ausleihen kann man die festliche Robe hier ebenfalls, sie wird gerne bei Hochzeiten getragen, womit wir auch schon beim zweiten Tipp wären. Die Ehe kann nämlich in der Dennewitzer *Hochzeitsmühle* geschlossen werden, ganz stilech – zumal der Standesbeamte für die Zeremonie ebenfalls in eine Tracht schlüpft. Die Bockwindmühle entstand 1998 nach einem historischen Vorbild am südlichen Ortsende.

Weitere *Mühlen* stehen in **Mellnsdorf** und **Gölsdorf**. Die Gölsdorfer war bis 1980 in Betrieb und wird nach umfassender Renovierung seit 1995 von Zeit zu Zeit wieder angeworfen. Gölsdorf besitzt zudem eine *Feldsteinkirche* aus dem 13. Jh. mit einem hübschen Fachwerkturm von 1775. Am Dorfteich finden wir einen *Gedenkstein* zur Schlacht von 1813. Direkt an der Kirche verhindert ein gusseiserner leerer Sarkophag, ein so genannter *Kenotaph*, dass der gefallene

Mühle von Gölsdorf

→ Jährlich Anfang September Heimatfest, in den Jahren mit -3 und -8 am Ende mit großer Feier zur Schlacht bei Dennewitz (Dennewitz) 3. Wochenende im Sept. Erntefest in der Kulturscheune (Seehausen)

Dorfmuseum Dennewitz
Dorfstraße 35
14913 Dennewitz
Öffnungszeiten:
Sa/So 13.00–16.00 Uhr
Von Nov. bis März im Wirtshaus „Zum Grafen Bülow" melden
Fon (03 37 41) 720 30
Fax -720 32

Trachtennäherei Dennewitz
Dorfstraße 35
14913 Dennewitz
Fon (03 37 41) 809 06
Öffnungszeiten:
nach Vereinbarung

Rittmeister von Albenthal dem Vergessen anheim fällt. Weitere *Gedenksteine* entdeckt der aufmerksame Besucher noch in **Rohrbeck**, **Wölmsdorf** in der Nähe vom Bahnhof und in **Niedergörsdorf**.

Ältestes Denkmal aber ist der, auf Anweisung König Friedrich Wilhelms III. von Preußen gegossene, eiserne *Obelisk* auf der Anhöhe rechts der Straße von Niedergörsdorf nach Neues Lager. Der neugotische Entwurf stammt von Karl Friedrich Schinkel, dem berühmtesten preußischen Architekten des 19. Jh.s (↗ Neuruppin in Bd. Das Ruppiner Land). Ein Faltblatt zu den Erinnerungsstätten gibt es im Dorfmuseum Dennewitz oder bei der Touristik-Information. Diese sitzt im *soziokulturellen Gemeindezentrum „DAS HAUS"* im Ortsteil **Flugplatz** südlich von Altes Lager. Im gleichen Gebäude gibt es eine informative Ausstellung zum Thema „Konversion", der Überführung ehemals militärischer Flächen und Gegenstände in die zivile Nutzung. Der Platz ist gut gewählt, schließlich zählte die Region Jüterbog bis zum Abzug der Roten Armee zu den größten Militärstandorten in Deutschland. Außerdem finden hier immer wieder Theatervorführungen statt. Programm und Eintrittskarten können in der Touristik-Information erfragt werden.

DAS HAUS
Ortsteil Flugplatz
Kastanienallee 21
14913 Niedergörsdorf
Ausstellung zur Konversion
Öffnungszeiten:
bei der Touristik-Information Niedergörsdorf erfragen

Im Ortsteil Flugplatz lockt auch noch eine *Kartbahn* jedes Jahr begeisterte Hobby-Rennfahrer an. Ob in der Halle oder draußen, ob mit 6,5 oder 30 PS – für Spannung im Fahrerlager ist bestimmt gesorgt.

Kart-Bahn Niedergörsdorf
Flugplatzweg 6/OT Flugplatz
14913 Niedergörsdorf
Fon (03 37 41) 720 66
Fax -720 65
www.go-kartbahn.de
Öffnungszeiten: März bis Nov. täglich 9.00–20.00 Uhr

Zu den erfrischenden Freizeitaktivitäten des Niederen Flämings gehört das *Freibad* in **Oehna**. In der 1999 erneuerten Anlage sorgen Wasserkanone, Riesenrutsche und eine Beachvolleyballanlage unter Palmen für Abwechslung. Trocken, dafür aber hoch hinaus geht es am *Flugplatz Oehna-Zellendorf* zu. Wer ein wenig Höhenluft schnuppern will, kann das bei einem Rundflug über den Fläming tun oder man begibt sich mutig in die Hände eines erfahrenen Tandem-Fallschirmspringers. Auch Ballons heben hier in Zellendorf zu ihren stillen Fahrten ab.

Freibad Oehna
Fon (03 37 42) 603 67
Öffnungszeiten: Mitte Mai bis Mitte Sept. täglich 9.00–20.00 Uhr

Flugplatz Oehna-Zellendorf
Fläming Air GmbH,14913 Zellendorf
Fon (03 37 42) 617-0, Fax -617-21

Nur ein Katzensprung ist es von Zellendorf ins sachsen-anhaltinische **Glücksburg**, das der nahen Wald- und Heidelandschaft seinen Namen geliehen hat. Die *Glücksburger Heide*, begrenzt durch die Orte Oehna, Glücksburg, Arnsdorf (im Süden) und Seyda, ist eine trockene humusarme saale-eiszeitliche Sanderfläche. Man nannte sie früher „Landesherrliche Seydaer Heide" und sie war Jagdgebiet der sächsischen Kurfürsten. Wirtschaftlich von Bedeutung war der Holzeinschlag. Die ab 1936 einsetzende militärische Nutzung veränderte Flora und Fauna in erheblichem Maße. Der Wald wurde zurückgedrängt, freie Heideflächen bildeten sich heraus, die östlich der Elbe sonst nur selten anzutreffen sind. Bis 1990 wurden Teile des Gebiets von der Roten Armee genutzt. Heute, nachdem für die Zukunft eine militärische Nutzung ausgeschlossen worden ist, entwickelt sich die Glücksburger Heide zu einem biologisch interessanten Ausflugsziel mit einer vielfältigen Flora und Fauna. Rot- und Schwarzwild besiedeln die Wälder, in den trockenen Sand- und Heidebereichen leben zum Beispiel seltene Heuschreckenarten mit so klangvollen Namen wie der „Warzenbeißer" und die „Blauflügelige Ödlandschrecke". Für Naturliebhaber erschließt sich die Glücksburger Heide gut zu Fuß oder mit dem Fahrrad. Ausgeschilderte Wege durchziehen das Gelände. Einzige Straße, die den Landstrich quert ist die unasphaltierte, dennoch gut befahrbare „Dahmsche Straße" zwischen Glücksburg und Seyda.

Blauflüglige Ödlandschrecke

Das 1.100 Einwohner zählende Städtchen **Seyda**, als Sidau 1268 erstmals erwähnt, besitzt einige sehenswerte Bauwerke – darunter der *Diest-Hof* am östlichen Stadteingang. In Fachwerkbauweise errichtet, wird er seit 1883 als soziale Wohnstätte genutzt. Ins Leben gerufen wurde der Hof von Gustav von Diest, einem Schwager Friedrich von Bodelschwinghs, dem Gründer der Bodelschwingh'schen Anstalten in Bethel. In der Stadtmitte lohnt ein Blick auf das ehemalige kursächsische *Amtshaus*, dessen Erdgeschoss auf das Jahr 1605 zurückgeht. Auch bei der kleinen *Kirche* „Zum Heiligen Kreuz", nach dem großen Stadtbrand von 1708 neu errichtet, sollte man einmal vorbeischauen.

Stadt Seyda
Bergstraße 1
06918 Seyda
Fon u. Fax (03 53 87) 422 01
www.seyda.de

Evangelische Kirchengemeinde
Seyda Kirchplatz 1, 06918 Seyda
Fon u. Fax: (03 53 87) 422 54
http://home.t-online.de/home/kirche-seyda

Diest-Hof (li.), Amtshaus (re.)

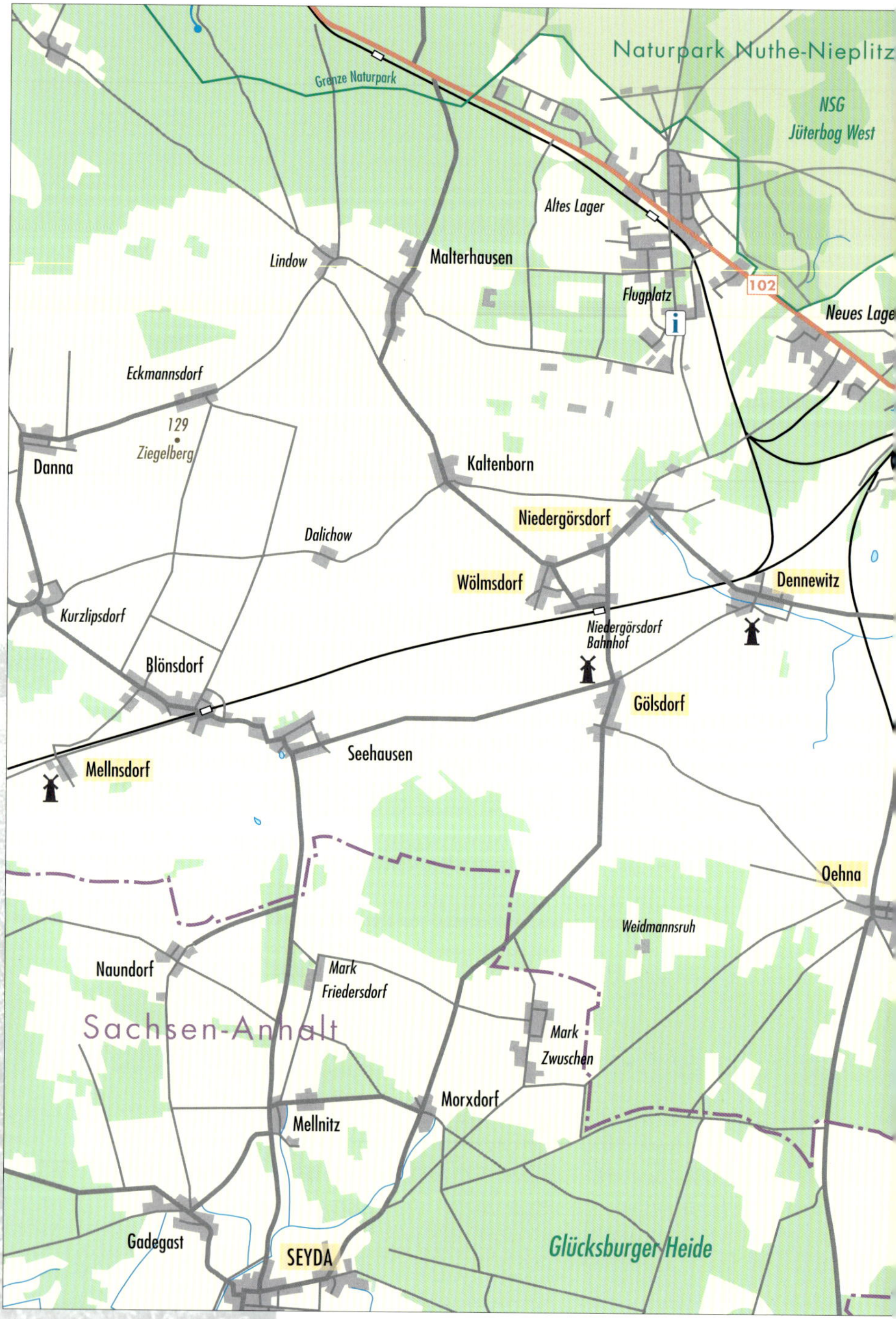
Naturpark Nuthe-Nieplitz
Grenze Naturpark
NSG
Jüterbog West
Altes Lager
Lindow
Malterhausen
Flugplatz
102
Neues Lage
Eckmannsdorf
129
Ziegelberg
Danna
Kaltenborn
Niedergörsdorf
Dalichow
Wölmsdorf
Dennewitz
Kurzlipsdorf
Niedergörsdorf
Bahnhof
Blönsdorf
Gölsdorf
Seehausen
Mellnsdorf
Oehna
Weidmannsruh
Naundorf
Mark
Friedersdorf
Sachsen-Anhalt
Mark
Zwuschen
Morxdorf
Mellnitz
Gadegast
SEYDA
Glücksburger Heide

nach Luckenwalde
Neuhof
Grüna
Neuheim
Kloster Zinna
Heidehof
Werder
101
JÜTERBOG
91
Wiesenberg
Waldsiedlung
Neumarkt
115
Markendorf
Höllenberge
Waldau
129
Börnickenberg
Fröhden
Hohengörsdorf
Bochow
101
Lichterfelde
Serno
Hohenahlsdorf
Werbig
Borgisdorf
102
Langenlipsdorf
Gräfendorf
Höfgen
Roinsdorf
Welsickendorf
Körbitz
Zellendorf
Tourist-Information
Radroute S. 85/86
Windmühle
0
5 km
N

IN DEN SÜDÖSTLICHEN AUSLÄUFERN

Das beschauliche Land der Fläming-Mühlen

Typisch Niederer Fläming – hoch der Himmel, weit das Land. Mittendrin finden sich zahlreiche erhaltene Mühlen, hübsche Dörfer und zwei einladende Städte, Dahme und Schönewalde, wobei der Ersteren der Ruf gebührt, größer und bedeutender zu sein. Außerdem teilt Dahme seinen Namen mit dem gleichlautenden Fluss, der sich von hier aus windungsreich bis nach Berlin schlängelt, um dort in der Spree aufzugehen.

Vielleicht ist Besinnlichkeit das richtige Wort, um sein Empfinden zu schildern, wenn man in diese verträumte Brandenburger Gegend kommt. Und vielleicht braucht es gerade diese schweigsame Landschaft, um seiner Kreativität freien Lauf zu lassen, so wie es Achim und Bettina von Arnim in Wiepersdorf getan haben und es ihnen noch heute im dortigen Schloss die künstlerischen Erben der Gegenwart gleichtun.

Wiepersdorf ist neben der Stadt Dahme sicher der bekannteste Anziehungspunkt in den östlichen Fläming-Ausläufern. Weniger geläufig dürfte sein, dass es früher in diesem Teil des Höhenzuges eine preußische Enklave im Königreich Sachsen gegeben hat. Diese „Ländchen Bärwalde“ genannte, von Sachsen umringte Insel hatte bis zur Übernahme der gesamten Region durch Preußen im Anschluss an die napoleonischen Befreiungskriege Bestand. Wird die Freude bei den Bärwaldern damals sicher groß gewesen sein, sah es bei den Bürgern Dahmes gänzlich anders aus. Sie wehrten sich gegen die neuen Herren aus dem Norden, womit wir auch schon am Beginn unserer Reise durch den östlichen Niederen Fläming wären, der hier soeben noch von der Bahnlinie Berlin-Elsterwerda gestreift wird. Von der Bundeshauptstadt dauert die Fahrt nach Luckau-Uckro knapp anderthalb Stunde.

Holländermühle Kolpin

Hauptstraße in Dahme

DAHME/Mark

Von Königstreue und Klemmkuchen

Das Städtchen am Westufer der „wendischen Spree“, wie das Flüsschen Dahme einst auch genannt wurde, lockt mit einer hübschen historischen Altstadt. Schöne Bürgerhäuser, das fantasiereiche Rathaus, eine ehemalige Klosterkirche, die Stadtkirche St. Marien, eine Schlossruine und Reste der Stadtmauer prägen das Bild dieser geschichtsträchtigen Stadt.

Einst sicherte hier eine Burg am Übergang durch sumpfiges Terrain eine Handelsstraße, die bis ins 17. Jh. für den Salztransport von Bedeutung war. Im Schutze dieser Burg entstand Mitte des 12. Jh.s eine Siedlung, die im Jahre 1265 urkundlich erstmals als Stadt bezeichnet wurde. Die weitaus meiste Zeit in seiner Geschichte gehörte Dahme zum Erzbistum Magdeburg und zum Kurfürstentum bzw. Königreich Sachsen. Dahme hat bis heute im östlichen Fläming beständig die Rolle eines regionalen Versorgungszentrums gespielt. Märkte bestimmten lange das Handelsleben. Die breite Hauptstraße diente den Jahr- und Wochenmärkten als Verkaufsfläche, auf dem Töpfermarkt ein Stück weiter nördlich wurden Tonwaren feilgeboten. Immer wieder litt die Stadt unter verheerenden Bränden. Für den Zeitraum zwischen 1441 und 1843 sind allein zehn Feuersbrünste belegt, eingeschlossen die Brandschatzungen des 30-jährigen Krieges.

Ohne dass man die Dahmenser um Erlaubnis gebeten hatte, kamen sie 1815 mit dem Fläming an Preußen. Nun – hätte man sie gefragt, die Ablehnung wäre wohl überwältigend gewesen. Zum Ausdruck kam dies 1848, als sich die Bürger sächsisch königstreu gegen ihren altpreußischen Bürgermeister erhoben. Genützt hat es ihnen freilich nichts. Im Gegenteil, den Aufständischen wurde der Prozess gemacht, 194 von ihnen mussten den Gang zur Festungshaft oder ins Gefängnis antreten.

Tourist-Information Dahme
Töpferstraße 17
15936 Dahme/Mark
Fon (03 54 51) 915 55
Fax -915 55 oder -493
www.dahme.de
www.dahme-mark.de

Veranstaltungen in Dahme:
1. Juni-Wochenende Heimat- und Schützenfest
September Töpfermarkt
Pfingstsonntag Tierparkfest
Weihnachtsmarkt

Die preußische Zeit brachte zwar die Eisenbahn nach Dahme, 1886 die Strecke nach Uckro und 1900 die Kleinbahn nach Luckenwalde, Fabriken siedelten sich trotzdem kaum an. Dahme blieb eine Ackerbürger- und Handwerkerstadt. Und daran hat sich bis heute nicht viel geändert, nur die Bahnstrecken sind inzwischen allesamt stillgelegt.

Dahme besaß bereits im 13. Jh. eine *Stadtmauer*, die, wenn auch nicht mehr in voller Höhe, noch immer vier Fünftel der historischen Altstadt umgibt. Zu ihrem größten Teil besteht sie aus erzhaltigem so genanntem Raseneisenstein, was ihr auch den Namen „Eiserne Mauer" eingebracht hat. Raseneisenstein, auch Brauneisen oder Limonit genannt, ist hier im Fläming dadurch entstanden, dass saale-eiszeitliche Schmelzwasser eisenhaltige Sedimente mitbrachten, die sich in der Zeit nach ihrer Ablagerung verfestigten. Durchbrochen war das wehrhafte Mauerband an zwei Stellen – im Osten am Luckauer und im Westen am Jüterboger Tor. In einer leichten Biegung waren beide Tore durch die noch immer das Stadtbild bestimmende *Hauptstraße* verbunden. Hier schlägt der Puls von Dahme, locken die zahlreichen Geschäfte Einheimische wie Auswärtige in das belebte Zentrum.

Vogelturm

Wo früher das Jüterboger Tor stand, grüßt der *Vogelturm* den von Westen kommenden Reisenden. 1563 bei einem großen Stadtbrand zerstört, wurde der Wehrturm 1893 im Zuge des Rathausneubaus wieder aufgestockt. Was die Namensgebung anbelangt, so gibt es mehrere Theorien. Am plausibelsten scheint noch die Erklärung, dass der Turmstumpf vor seiner Erneuerung Ende des 19. Jh.s zahllosen Vögeln als Nistplatz diente. Wer vom Vogelturm die Hauptstraße in Richtung Rathaus geht, passiert die rechter Hand in frischem Glanz erstrahlende *Hospitalkirche*. An gleicher Stelle gab es spätestens seit der Wende zum 14. Jh. (Ersterwähnung 1304) ein Kloster des Bettelordens der Karmeliter. Mit der Reformation nahm es mit dem Konvent ein schnelles Ende. Als 1563 ein Stadtbrand auch die Klostergebäude in Mitleidenschaft zog, ging die Anlage nach der Zustimmung des Magdeburger Erzbischofs Sigismund an die Stadt über. Der Bischof verfügte jedoch, dass die Bürger im Gegenzug ein Hospital zu errichten und für dieses eine Kirche zu bauen hatten. Es dauerte zwar noch einige Generationen, bis die Dahmenser ihr Verspre-

Hinter der Karmeliter-Klosterkirche

chen einlösten, im 18. Jh. war es dann aber so weit. Allerdings ging der mittelalterliche Ursprung größtenteils verloren, Teile der Außenmauern stammen aber noch aus der Gründungszeit. An der platzähnlichen Erweiterung der Hauptstraße beeindruckt die ehemalige Hospitalkirche durch ihren massigen Baukörper. Das Mansarddach samt Dachturm und die Fensteranordnung gehen auf das vierte Jahrzehnt des 18. Jh.s zurück. Man erkennt deutlich die barocken Anklänge. 1923 wurde die Hospitalkirche in ein Altersheim umgewandelt, was erhebliche bauliche Veränderungen vor allem im Innern mit sich brachte. Das frühere Hospital liegt hinter der ehemaligen Kirche an deren Südseite; ein weiteres Wirtschaftsgebäude beherbergt ein Restaurant, dessen Name den Gastraum nachzeichnet: „Klostergewölbe".

Nur einige Schritte entfernt reckt sich das verspielte *Rathaus* in den Himmel über der Stadt. Es wurde 1894 eingeweiht und ersetzte ein seit dem Brand 1563 andauerndes Provisorium in der zum Rathaus umgebauten Nikolaikirche an gleicher Stelle. 1892 beschloss der Rat Abriss und Neubau des eigenen Domizils. Der in Dahme geborene und in Berlin lebende Architekt Max Jacob wurde mit der Planung betraut. Sein Werk kann sich sehen lassen, elegant strebt der Turm mit seinen spitzen Helmen in die Höhe. Hier zeigt sich, wie erfolgreich die Fantasie eines Entwurfs mit Backstein als Baumaterial in die Realität umgesetzt werden kann. Das bekannteste Werk Jacobs kann leider nicht mehr besichtigt werden, der alte Müggelturm in Berlin-Köpenick wurde 1958 durch einen Brand zerstört.

Wer am Rathaus die Hauptstraße nach Norden verlässt, trifft sogleich auf den *Töpfermarkt*. Einige der schönsten Bürgerhäuser der Stadt stehen hier, an der Nordwest-Ecke zum Beispiel ein Fachwerkhaus von 1796, in dem 1978 das Dahmer *Heimatmuseum* eine passende historische Bleibe gefunden hat. Ein Haus weiter, in der Töpferstraße 17 befindet sich die *Tourist-Information* der Stadt.

Das Museum ist nicht nur von außen schön anzusehen, die Ausstellung im Innern setzt die Kultur dieses Landstrichs in ein erhellendes Licht. Dahme lag lange Zeit am Schnittpunkt unterschiedlichster Einflüsse. Noch in der zweiten Hälfte des 15. Jh.s lebten viele Wenden (Slawen) in der Gegend. Die ausgestellten Trachten gehen jedoch auf niederländische Einwanderer zurück, die sich im Mittelalter in weiten Teilen des Flämings niederließen. Zwei weitere Ausstellungsschwerpunkte, neben den prächtigen Möbelstücken, seien hier noch erwähnt. Da ist zum einen der Blaudruck, eine typische Stoffdruckmethode, die man hier im Museum gerne erklärt. Zum anderen besitzt das Dahmer Museum eine große Klemmkucheneisensammlung.

Rathaus

Heimatmuseum Dahme
Töpferstraße 16
15936 Dahme/Mark
Fon u. Fax (03 54 51) 493
Öffnungszeiten:
Di–Fr 9.00–12.00 Uhr u. 13.00–16.00 Uhr
Mai bis Okt. zusätzlich So 14.00–17.00 Uhr

Am Töpfermarkt

Die Zutaten für Klemmkuchen:
je 200g Mehl, Milch und Mineralwasser sowie je 100g Butter und Zucker (oder andere Mengen, das Verhältnis der Zutaten muss aber immer gleich bleiben)
Die Zubereitung:
Im Wechsel Zucker, Mehl und Milch vermengen, erst wenn die Milch aufgebraucht ist, das Wasser hinzufügen. Zum Schluss die ausgelassene Butter beimengen und alles zu einer geschmeidigen Masse verrühren.
Natürlich kann man ganz nach eigenem Geschmack Gewürze verwenden, etwa Zimt oder geriebene Limonenschalen.
Nach dem Ausbacken den Klemmkuchen rasch zu einer Tüte rollen, da er schnell hart wird. Füllung nach Belieben – Eis, Früchte, Sahne ... lecker!

Pfarramt Dahme
Geschwister-Scholl-Straße 7
15936 Dahme (Mark)
Fon (03 54 51) 476

Stadtkirche St. Marien

Eine echte Fläming-Spezialität

Roggenmehl, Wasser, Speck, Salz und Pfeffer! Alles schön vermengt und zu einer geschmeidigen Masse verarbeitet, dann auf das heiße Klemmkucheneisen gegeben, zusammengepresst, und nach kurzer Zeit ist er fertig: der Klemmkuchen.
Mehr brauchte man früher nicht, um dieses traditionelle Gebäck aus dem Fläming zuzubereiten. Das Klemmkucheneisen war fast schon ein Statussymbol, zumindest aber willkommene Aussteuer oder gern entgegengenommenes Hochzeitsgeschenk. Klemmkuchen sollten nicht nur schmecken, sondern auch dem Auge etwas bieten. So waren die Eisen vielfältig verziert, zeigten sogar den Namen des Eigentümers, oft auch eine Jahreszahl. Woher das Klemmkucheneisen kam, ist nicht verbürgt, wahrscheinlich aber brachten es die eingewanderten Flamen in den Fläming. Ein Eisen im Dahmer Heimatmuseum trägt die Jahreszahl 1571, es gilt als das älteste erhaltene Exemplar.
Probieren kann man Klemmkuchen auch heute noch. Auf einem der hiesigen Feste über offenem Feuer gegart, schlägt er geschmacklich manch moderne Konkurrenz – garantiert.

In der nördlichen Altstadt, an der Geschwister-Scholl-Straße steht das älteste Gebäude der Stadt, die im Kern gotische *Stadtkirche St. Marien*. Freilich ist durch viele Brände und mannigfaltige Zerstörungen und Überformungen vom Erstlingsbau nur wenig erhalten. Vor allem die Zeit des Barocks hat sich in St. Marien verewigt. Vom grauen Außenputz sollte man sich nicht täuschen lassen, das Gotteshaus überrascht im Innern mit einer beachtlichen Ausstattung, darunter kunstvoll bearbeitete Emporen, die sich als geschlossene Logen bis weit in den Altarraum ziehen (17. Jh.). Hier saß einst das Herzoggeschlecht derer von Sachsen-Weißenfels, das in Dahme residierte. Die Orgel (1989 von der Potsdamer Orgelbaufirma Schuke angefertigt) versieht ihren Dienst hinter einem reich gegliederten Prospekt von 1687. Etwa aus der gleichen Zeit stammt auch der Altar.
Besucher sind gern gesehene Gäste in der Dahmer Stadtkirche. Meistens ist jemand im Pfarrhaus nebenan, der den Kirchenschlüssel herbeiholt. Um sicher zu gehen, sollte man sich vorher telefonisch anmelden – eine kleine Mühe, die sich bestimmt lohnt.

Die Jungfrauenglocke zu Dahme

Es war 1625, der unerbittliche 30-jährige Krieg tobte schon sieben Jahre, als der Habsburger Feldherr Albrecht von Waldenstein, genannt Wallenstein, sein Hauptquartier in Dahme aufschlug. Auf Drängen seiner Offiziere wurde das Lager aber schon bald nach Jüterbog verlegt. Damals war es üblich, sich als Kriegsbeute der Kirchenglocken des Feindes zu bemächtigen und diese einzuschmelzen, doch erst in Jüterbog merkte Wallenstein, dass die Dahmer Glocke vergessen worden war. Er befahl, das Versäumte umgehend nachzuholen und so machte sich ein Trupp auf den Weg nach Dahme.

Die Nachricht aber war schneller als die Diebe. Eilig gingen die Dahmenser daran, ihre Glocke zu retten. Den eingetroffenen Soldaten schenkte man reichlich Bier ein, um sie von ihrem Vorhaben abzulenken. Dem Fähnrich offerierte man guten Wein und ein hübsches Jungfräulein, was er beides nicht verschmähte. Der Plan sollte gelingen. Die Dahmenser hatten so viel Zeit gewonnen, dass sie ihre Glocke auf dem Töpfermarkt vergraben konnten. Der genussfreudige Soldatentrupp Wallensteins musste ohne Beute abziehen. Die, nun wohl nicht mehr jungfräuliche, Frau wurde von den dankbaren Bürgern der Stadt mit so reicher Aussteuer bedacht, dass sie ihren geliebten und betuchten Herzensmann heiraten konnte. Die verbuddelte Glocke hat man nie mehr gefunden. Ihr Klang aber, so heißt es, soll noch immer an die Oberfläche dringen, und zwar jedes Mal, wenn sich eine Hochzeitsgesellschaft auf dem Töpfermarkt ein Stelldichein gibt.

Nicht weit von St. Marien markiert die *Ruine des* einstigen Dahmer *Barockschlosses* das nordöstliche Ende der Altstadt und jene Stelle, wo im Mittelalter eine Wasserburg stand. Nachdem Dahme 1635 sächsisch geworden war, wurde die hiesige Herrschaft einige Jahre später Witwensitz der herzöglichen Linie zu Sachsen-Weißenfels. Mit dem Bau des prächtigen Schlosses zu Beginn des 18. Jh.s erhielten die Herzoginnen ab 1715 eine standesgemäße Bleibe. Johann Adolf II., letzter Herzog der Linie, verlegte sogar seine Residenz hierher, weil er aber ohne Erbe blieb, fiel die Herrschaft Sachsen-Weißenfels 1746 an Kursachsen zurück. Die Dresdner Herrscher besaßen genug Schlösser und so kamen sie höchstens mal nach Dahme, um auf dem Weg nach Berlin oder zum Zwecke der Jagd hier zu übernachten. 1873 ging die Anlage durch Kauf an die Stadt, die hier eine Schule einquartierte. Das Schloss blieb bis in die 1950er Jahre unversehrt, erst dann setzte der Verfall des Bauwerks ein. Der Nutzungsideen gab es in der Zwischenzeit viele, deren Umsetzung aber scheiterte jedes Mal. Hoffen wir, dass sich eines Tages jemand findet, der sich der früheren barocken Schönheit annimmt.

In neuem Glanz erstrahlt dagegen das *Kavalierhaus* zwischen Schloss und dem ehemaligen Schlosspark. Ebenfalls erhalten ist das nahe *Fachwerk-Speichergebäude*. Der *Schlosspark* im Stil des Landschaftsgartens lädt zu einem Spaziergang und zum Besuch des *Tiergeheges* ein, in dem vor allem Damwild zu sehen ist.

An Sachsen erinnert noch eine *historische Postmeilensäule* aus der Zeit der Regentschaft Augusts des Starken. Sie steht am Stadtausgang Richtung Luckau in einer kleinen Grünfläche an der Dahme (↗ Belzig).

Schlossruine

Tierpark Dahme:
frei zugänglich bis Sonnenuntergang

Radroute Dahme – Kolpien – Schöna – Hohenbucko-Bhf. – Lebusa – Körba – Dahme: ca. 26 km (Karte S. 108 f.)

Diese abwechslungsreiche Route führt von Dahme über Schwebendorf nach **Kolpien**, das mit Schöna seit 1974 eine Doppelgemeinde bildet. In der Nähe, am 151 m hohen Austenberg entspringt das Flüsschen *Dahme*. Der kurze Weg dorthin ist beschildert. An der im Wald tröpfelnden Quelle gibt es einen Rastplatz, der sich schön zum Verschnaufen inmitten der stillen Natur eignet. Rechts der Straße am Dorfeingang von Kolpien steht exponiert eine alte, jüngst aufwändig restaurierte *Holländermühle*. Sie wurde 1843 neu errichtet, nachdem die Vorgängerin, eine für den Fläming charakteristische Bockwindmühle, abgebrannt war. Hinter Kolpien queren wir eine feuchte grüne Aue, bevor wir Schöna erreichen, das leicht erhöht auf trockenerem Terrain liegt. In Schöna biegt eine Straße links ab. Zunächst etwas holperig auf Kopfsteinpflaster, geht es wenig später über Asphalt durch wunderschöne lichte Waldungen nach Hohenbucko-Bahnhof, wo wir rechts in Richtung Lebusa abknicken.

Für Lebusa und Körba:
Fremdenverkehrsbüro
Ritterstraße 8, 04936 Schlieben
Fon u. Fax (03 53 61) 816 99
http://home.t-online.de/home/amt-schlieben/

Am Ortseingang von **Lebusa**, links oberhalb der Straße steht die älteste funktionstüchtige *Bockwindmühle* zwischen Elbe und Oder, erbaut 1686. Jedes Jahr am zweiten September-Wochenende feiert Lebusa mit seinen Gästen hier ein Mühlenfest. Lebusa ist ein Gutsdorf wie aus dem Bilderbuch.

Bockwindmühle Lebusa

Kirche, *Gutshaus* (Mitte 19. Jh.), *Stallungen* (Reiterhof) und der etwa sechs Hektar große *Gutspark* scharen sich in der Mitte des Ortes. Die ansehnliche Dorfkirche (1725) ist ein Werk Pöppelmanns. Einen herrlichen Klang verbreitet alljährlich im Sommer bei einer Konzertreihe die kleine aber klangvolle barocke Silbermann-Orgel (1727).

Bei Lebusa queren wir die Straße von Dahme nach Herzberg in Richtung **Körba**. Dort geht es nach rechts, und nur wenige hundert Meter weiter kommen wir zum *Körbaer Teich*, wegen seiner Größe von 27 ha auch gerne als See bezeichnet. Das Gewässer wurde einst von den Dahmer Karmelitern durch Aufstauen des *Schweinitzer Fließes* angelegt. Auf diese Weise hatten die Mönche in der Fastenzeit stets frischen Fisch auf dem Teller. Ob bekleidet oder im Adams-/Evakostüm, der See lädt im Sommer zum Bade. Übernachten kann man auf dem hiesigen Campingplatz. Es lohnt sich, das Fahrrad abzustellen und den Körbaer Teich zu umwandern (ca. 1 Std.). Wir setzen die Radtour anschließend auf einem Waldweg in Richtung Dahme fort. Nach etwa drei Kilometern geht es auf der Straße Lebusa-Dahme und wenig später auf einem parallel verlaufenden Radweg zum Ausgangspunkt der Route zurück.

Pöppelmann & Silbermann

Zwei berühmte Vertreter der Zeit des Barocks fanden in der Kirche des kleinen Flämingdorfes Lebusa zueinander. Der eine: Architekt, geboren 1662 im ostwestfälischen Herford, gestorben in Dresden 1736 – der andere: Orgelbauer aus dem sächsischen Kleinbobritzsch bei Frauenstein im Erzgebirge (1683–1753). Die Rede ist von Daniel Matthäus Pöppelmann und Gottfried Silbermann.

Pöppelmann stand ab 1686 in Diensten des sächsischen Hofes. Unter August dem Starken entstand sein berühmtestes Werk, der Zwinger in Dresden. Das Bauwerk zählt zu den Meisterwerken des Rokokos – der letzten und elegantesten Phase des Barocks. Was dem Architektur-Freund recht ist, kann dem Orgelliebhaber nur billig sein, klingt doch der Name Silbermann wie Musik in den Ohren. Gottfried Silbermann gehört fraglos zu den begnadetsten Orgelbauern Mitteleuropas. Eine seiner wichtigsten Arbeiten, die Orgel in der Dresdner Frauenkirche ging leider verloren. Zu hören sind seine Meisterwerke aber noch in vielen Kirchen, vor allem in Sachsen und jenen Landstrichen, die einmal sächsisch waren. Als Beispiele seien hier nur angeführt die Hofkirche in Dresden und der Dom zu Freiberg.

Gutshaus Lebusa

Körbaer Teich

Kirche Lebusa

Kirchenbesichtigung:
Pfarrhaus in Lebusa
Dorfstraße 66, 04936 Lebusa
Fon (03 53 64) 224
oder Frau Birenheide, Schulstraße 60
Fon -205

Bockwindmühle Falkenberg

Der Fläming ist bekannt für seinen Reichtum an Windmühlen. Ein gut erhaltenes Exemplar findet man östlich von Dahme in **Falkenberg** an der Bundesstraße 102. Falkenberg ist das letzte Dorf auf dem langgezogenen Rücken des Flämings.

Von der *Bockwindmühle* aus hat man daher einen großartigen Blick weit in die Niederlausitz hinein. Fast meint man, die Krümmung der Erdkugel erkennen zu können. 22 km in Richtung Nordnordost erhebt sich als markantes Bauwerk in der Ebene eine Werfthalle für Zeppeline. In der Nähe der Mühle drehen sich moderne Verwandte, um Strom zu produzieren. Die Falkenberger Bockwindmühle wurde 1853 erbaut und hat bis in die Sechzigerjahre des 20. Jh.s gearbeitet.

Auf dem „Höllberghof“

Falkenberg liegt am westlichen Ende des 580 km^2 großen Naturparks Niederlausitzer Landrücken. Südöstlich des Dorfes durchziehen Wanderwege die *Höllenberge* und bringen den Besucher zum *„Höllberghof“*, der nach historischen Vorbildern errichtet wurde. Ein etwa zweieinhalb Kilometer langer Rundwanderweg führt zu einem *Tiergehege*, wo alte Haustierrassen gezüchtet und gehalten werden. Der *Bauerngarten* macht mit fast vergessenen wilden Kräutern, Gemüsesorten und Zierpflanzen vertraut. Vieles mehr gibt es auf dem Höllberghof über Naturschutz und ländliche Lebensweise früherer Zeiten zu entdecken.

Höllberghof
Heideweg 3
15926 Langengrassau
Fon (03 54 54) 74 05
Fax -604
www.hoellberghof.de
E-Mail: hoellberghof@t-online.de
Öffnungszeiten:
März bis Okt.
täglich 10.00–18.00 Uhr

Etwa acht Kilometer sind es von Falkenberg über Pitschen-Pickel nach **Wildau-Wentorf** (zum Teil unbefestigte Straße). Der Ort zwischen der Stadt Dahme und Golßen liegt an der Dahme und zählt zu den alten Mühlenstandorten in Brandenburg. Die *„Dammühle“* am Ortsausgang Richtung Drahnsdorf ist eine 1905 errichtete Wassermühle, die bis in die Sechzigerjahre des 20. Jh.s als Getreide- und Sägemühle in Betrieb war. Sie wurde 1997/98 umfassend saniert und erhielt ein Wasserrad, das seither bis zu 4 kWh Strom produziert, je nach der Wassermenge, die von der Dahme herbeigeschafft wird. Die Dammühle dient heute als Pension und Restaurant. In der Dorfmitte von Wildau-Wentorf trotzt seit dem 13. Jh. eine schöne, ungewohnt große und wehrhafte *Feldsteinkirche* den Unbilden der Geschichte.

Dammühle
15938 Wildau-Wentdorf
Fon (03 54 53) 294
Fax -690 64

Dammühle Wildau-Wentorf

SCHÖNEWALDE

Das liebenswerte Städtchen am Schweinitzer Fließ

Viele Großstädter träumen mindestens einmal im Leben davon, aufs Land zu ziehen, der Hektik und dem Schmutz zu entfliehen und einen Gang zurückzuschalten – Sehnsüchte, die vor allem an idyllischen Orten immer wieder aufflackern. In Schönewalde geschieht es sicher häufig, dass Städter von solcherlei Empfindung übermannt werden, denn Schönewalde hat nicht nur einen schönen Namen – es begegnet dem Besucher außerdem noch als hübsches Landstädtchen, dessen verträumte Beschaulichkeit und entspannte Gelassenheit sich wohltuend auf gestresste Seelen legt.
Gut tausend Einwohner bevölkern den Ort am Schweinitzer Fließ, einem Wässerchen, das bei Hohenbucko entspringt und bei Schweinitz östlich Jessen in die Schwarze Elster mündet. Schönewalde entwickelte sich aus den, um 1160 von Kolonisten gegründeten, deutsch-flämischen Dörfern Schöna und Waldau zu einer Stadt (Stadtrechte seit 1474), deren Bedeutung allerdings wegen ihrer Lage abseits wichtiger Handelsrouten stets regional beschränkt blieb. Das Ackerbürgertum war prägend für das Leben.
Am *Markt*, der sich als breite, von beschnittenen Linden gesäumte Straße durch die Stadtmitte zieht, ist diese Zeit noch mit Händen zu greifen. Ganz typisch für Schönewalde sind die mitteldeutschen Ackerbürgergehöfte mit ihren großen Toren in den traufständig zur Straße angelegten Wohnhäusern. Zwei frisch herausgeputzte *Fachwerkhäuser* aus dem 18. Jh. (Markt 20 und 43) tragen, neben anderen gepflegten älteren Häusern und der erfreulichen Mischung aus Geschäften und Gastronomie, zum liebenswürdigen Charme Schönewaldes bei.
Ein besonders stimmungsvoller Winkel ist das Viertel rund um die *Nikolaikirche*. Zwei weitere Fachwerkhäuser (Pfarr- und Gemeindehaus) bilden mit einigen ehemaligen Gehöften die Begrenzung des weiten grünen Platzes, in dessen Mitte das Gotteshaus steht. St. Nikolai wurde Anfang des 19. Jh.s ein Raub der Flammen, was 1804–06 einen klassizistischen kreuzförmigen Wiederaufbau nach sich zog. Die Innenausstattung ist dem klassizistischen Baustil entsprechend klar gegliedert mit doppelstöckigen Emporen an den zwei Langseiten, Orgel im Westen und Kan-

Amt Schönewalde
Markt 48
04916 Schönewalde
Fon (03 53 62) 281, Fax -230

Veranstaltungen in Schönewalde:
Pfingsten Heimat- und Schützenfest mit Mühlenfest

In Schönewalde

Pfarramt Schönewalde
Kirchstraße 5
04916 Schönewalde
Fon (03 53 62) 2 55

Windmühle Schönewalde
Anmeldung zur Besichtigung:
Fon (03 53 62) 404

Paltrock-Windmühle

zelaltar im Osten. Die Orgel verrichtete ursprünglich in Halle/Saale ihren Dienst. Sie wurde aber durch die Zusammenlegung zweier Gemeinden dort nicht mehr gebraucht und kam deswegen wenige Jahre nach dem Kirchenneubau hierher nach Schönewalde. Einlass in St. Nikolai gewährt das Pfarramt, man sollte sich aber möglichst vorher anmelden.

Im Westen vor den Toren der Stadt, links der Straße nach Ahlsdorf begegnet uns die letzte von einst sieben Mühlen in Schönewalde, eine 1994/95 restaurierte *Paltrock-Windmühle*. Das Besondere an einer Paltrockmühle ist, dass sie sich durch die kleine Windrose am Dach selbstständig auf einem Rollenkranz zum Wind ausrichtet, anders als eine normale Bockwindmühle, die per Hand gedreht werden muss. Die Schönewalder Mühle besitzt noch ihre komplette technische Ausrüstung und kann nach Voranmeldung besichtigt werden. Erbaut wurde sie im Jahre 1815 in Egsdorf bei Baruth. 1939 erhielt sie dann ihren endgültigen Standort hier am südlichen Rand des Niederen Flämings.

Die Umgebung Schönewaldes ist eine Mischung aus Wäldern, Wiesen und Feldern, durchzogen von kleinen Bächen und Gräben. Mit einem Fahrrad besitzt man das beste Fortbewegungsmittel, schließlich ist man hier abseits aller Bundesstraßen und der Autoverkehr ist dünn gesät. Keine fünf Kilometer sind es ins einsam gelegene Gutsdorf **Ahlsdorf**.
Das hiesige *Herrenhaus* entstand in seiner heutigen barocken Form 1709/1720. Es war Lebensmittelpunkt Georg von Siemens', Begründer der Deutschen Bank und Vetter des ungleich berühmteren Werner von Siemens, dem wir eines der erfolgreichsten deutschen Industieunternehmen verdanken. Getreu dem Motto auf seinem Grabstein „Wirke so lange es Tag ist. Es kommt die Nacht, da niemand wirken kann" hat Georg von Siemens in Ahlsdorf gestalterisch eingegriffen, indem er den *Landschaftspark* im englischen Stil anlegen ließ. Die *Erbbegräbnisstätte* der Familie von 1879 ist eines der beiden sehenswerten Bauwerke zwischen den Wiesen, Teichen und Wäldchen des Parks. Das zweite, ein niedliches, etwa 90 Jahre altes *Teehaus* aus Holz, wirkt etwas einsam und scheint auf lebendiges Treiben zu warten.

Teehäuschen im Schlosspark

Die Ahlsdorfer *Kirche*, von außen eher unscheinbar, versteckt innen einen Schatz mit bemalten Emporen, einem prachtvollen Altar und einer kunstvollen Kanzel (beides 1710).

Besichtigung der Ahlsdorfer Kirche nach Terminabsprache
Pfarramt Schönewalde
Kirchstraße 5, 04916 Schönewalde
Fon (03 53 62) 2 55

Von Schönewalde aus kann man entweder über Weißen oder über Rinow nach **Bärwalde** fahren. Zu Fuß oder mit dem Rad ist es deutlich kürzer. Es geht zunächst die Straße nach Freywalde entlang, einige hundert Meter nach dem Stadtende führt ein Weg links nach Bärwalde. Wenig später passiert man das linker Hand stehende einstige *preußische Zollhäuschen*.
In dem kleinen Ort nördlich des Schweinitzer Fließes steht eine *Schlossruine*. Die Bärwalder Burg war lange Zeit Mittelpunkt eines gleichnamigen brandenburgisch-preußischen Amtes. Schon im 15. Jh. kam Bärwalde unter die Hoheit der Brandenburger Kurfürsten und war ab 1635 Enklave im sächsisch dominierten Fläming (deswegen das Zollhäuschen). Diese politische Insellage des aus mehreren Dörfern der Umgebung bestehenden „Ländekens" (Bärwalde, Rinow, Weißen, Meinsdorf, Herbersdorf, Kossin und Wiepersdorf) endete mit der Niederlage Napoleons und der auf dem Wiener Kongress beschlossenen Grenzverschiebung zu Gunsten Preußens im Jahre 1815. Das Schloss, zuletzt in Besitz der Familie von Arnim, die auch im benachbarten Wiepersdorf ein Herrenhaus bewohnte, wurde kurz nach dem Zweiten Weltkrieg weitgehend abgetragen. Die Steine verwendete man zum Bau neuer Häuser. Nur ein kleiner Rest ist erhalten geblieben, den man inzwischen liebevoll pflegt und für die Nachwelt erhält.

Schlossruine in Bärwalde

Von Bärwalde ist es nur ein Katzensprung nach **Meinsdorf**. Der *jüdische Friedhof* mit einigen wenigen Grabsteinen direkt neben dem christlichen erinnert daran, dass auch im Fläming vor nicht allzu langer Zeit Menschen verschiedenen Glaubens miteinander gelebt haben. Der kleine Gottesacker ist nicht leicht zu finden, von Schönewalde kommend muss man sich am westlichen Dorfeingang links halten.

Auf dem jüdischen Friedhof

WIEPERSDORF

Ein Dorf, in dem die Muse küsst

Wenn der Bekanntheitsgrad eines Ortes und die Zahl der Besucher in Einklang stünden, könnte sich das Dorf zwischen Dahme und Jüterbog vermutlich kaum vor Touristen retten. Erfreulicherweise ist dem aber nicht so. Trotz des Schlosses und seines Parks, der Grabstätte Bettina und Achim von Arnims und der reizvollen Abgeschiedenheit ist die Zahl der Gäste überschaubar, Anmut und Schönheit Wiepersdorfs bleiben so gewahrt. Das mag wohl auch daran liegen, dass mancher erwartungsfrohe Besucher aus Mangel an Hinweisschildern im „falschen" Wiepersdorf gut 5 km östlich von Schönewalde landet.

Künstlerhaus Schloss Wiepersdorf
14913 Wiepersdorf
Fon (03 37 46) 699-0
Fax -699-19
www.wiepersdorf.de
E-Mail:
schloss.wiepersdorf@t-online.de

Besucher können nach Anmeldung im Schloss übernachten.

Wir wollen uns hier aber jenem Musen-Wiepersdorf annehmen, das zusammen mit dem „Ländchen Bärwalde" (↗ Bärwalde) seit Mitte des 15. Jh.s brandenburgisch ist. In der ersten Hälfte des 16. Jh.s entstand in Wiepersdorf das erste so genannte Feste Haus als adliger Wohnsitz. Ab 1780 gehörte die Herrschaft der Familie von Arnim, deren berühmtester Sohn Ludwig Joachim (Achim) mit seiner Frau Bettina im Jahre 1814 von Berlin nach Wiepersdorf übersiedelte.

Schloss Wiepersdorf

Als das Dichterehepaar hier im Niederen Fläming lebte, sah das Gut Wiepersdorf anders aus als heute. Es war der Maler und Enkel der beiden, Achim von Arnim, der *Herrenhaus*, *Garten* und *Orangerie* im letzten Viertel des 19. Jh.s umgestalten ließ. Erst jetzt erhielt das Anwesen den noch heute bestehenden schlossähnlichen Charakter. Die Formensprache ist überaus vielfältig, angefangen beim klar gegliederten Herrenhaus, sich fortsetzend an der märchenhaft verspielten Orangerie (heute Café), bis zu den zahlreichen humoristischen Plastiken im Park.

Plastik im Park

Nach dem Zweiten Weltkrieg wurde der letzte Arnim auf Wiepersdorf enteignet, eine Kommandantur der Roten Armee zog in das Schloss ein, bevor es Arbeits- und Erholungsstätte für Künstler wurde. Prominente Schriftsteller haben hier die kreative Atmosphäre genossen, darunter so bekannte Namen wie Anna Seghers, Christa Wolf und Tanja Langer. Als „Künstlerhaus Schloss Wiepersdorf" bietet es heute Stipendiaten verschiedenster musischer Fächer und Strömungen aus der ganzen Welt Raum für ihren Ideenreichtum. Das weit gefächerte Veranstaltungsprogramm kann im Internet eingesehen werden. Das Angebot reicht von Lesungen und literarischen Wanderungen über Performance-Darbietungen bis zu Konzerten, Theatervorführungen und Ausstellungen. Im *„Bettina und Achim von Arnim Museum"* gewährt man dem Besucher Einblick in die Geschichte des Schlosses und dokumentiert anschaulich Leben und Werk des berühmten Dichterehepaares.

Bettina u. Achim von Arnim Museum
Öffnungszeiten:
Febr. bis Nov.
Sa u. So 14.00–16.00 Uhr
Führungen durch Schloss und Park:
4. Wochenende im Monat u. feiertags um 14.00 und 15.00 Uhr
Gruppenführungen auch zu anderen Zeiten nach Voranmeldung

Begraben liegen die beiden gleich nebenan auf dem kleinen *Friedhof* vor der Wiepersdorfer *Dorfkirche*, einem im Kern spätmittelalterlichen Feldsteinbau, der letztmalig Ende des 19. Jh.s nach Plänen des Malers Achim von Arnim (dem Enkel) umfangreich im neoromanischen Stil umgebaut wurde.

Wiepersdorfer Dorfkirche

Zwei Leben für die Dichtung

Bettina von Arnim wird am 4. April 1785 in Frankfurt am Main geboren. Er, Achim von Arnim, kommt am 26. Januar 1781 in Berlin zur Welt. Als sich die zwei 1802 im Hause ihres Bruders kennen lernen, ahnt noch niemand, dass sie gemeinsam 1811 den Weg zum Traualtar antreten werden . Zu diesem Zeitpunkt hat sich der junge Achim schon mit seinen Gedichten, Novellen und Romanen einen Namen gemacht; ihr ist der Umgang mit Künstlern wie Beethoven oder Goethe wohl vertraut.
Als Wiepersdorf durch Erbschaft in die Hände Achim von Arnims gelangt, verlegt das Paar seinen Lebensmittelpunkt in den Niederen Fläming. Doch Bettina ist nicht für das Leben als Gutsfrau geschaffen. Sie zieht es schon drei Jahre später wieder zurück nach Berlin. Die meiste Zeit verbringt sie dort, nimmt teil am gesellschaftlichen Leben der aufstrebenden Hauptstadt Preußens. Er bewirtschaftet die Güter im Ländchen Bärwalde und widmet sich der Dichtung. Ein unermüdlicher Briefwechsel setzt zwischen dem zumeist getrennt lebenden Paar ein, der ahnen lässt, wie ungewöhnlich in der damaligen Zeit die Ehe der beiden gewesen sein muss.
Achim von Arnims Werk ist beispiellos in seiner Bedeutung für die Zeit der Romantik. Nach seinem Tode 1831 in Wiepersdorf ist es Bettina, die seine Werke herausgibt. Diese verdienstvolle Arbeit und ihre eigene schriftstellerische Tätigkeit sichern ihr, die sie sich stets auch für die geistige und politische Emanzipation der Frau eingesetzt hat, einen Platz inmitten der großen deutschen Frauen des 19. Jh.s. Bekanntestes Werk Bettina von Arnims sind die zwei Bände „Die Günderode" (1840). Sie stirbt am 20. Januar 1859 in Berlin.

Noch ein Tipp zum Schluss:

Bei **Reinsdorf** gibt es einen kleinen *Flugplatz*, von dem aus die Flieger zu Rundflügen über den Fläming abheben. Was den Arnims noch verwehrt war, ist für den Wagemutigen von heute kein Problem: per Tandemsprung am Fallschirm hinabgleiten. Auch das wird in Reinsdorf angeboten.

Flugplatz Reinsdorf
14913 Reinsdorf
Fon (03 37 46) 69 80
Fax -69 83
www.edod.de
E-Mail: fmu-rsf@t-online.de

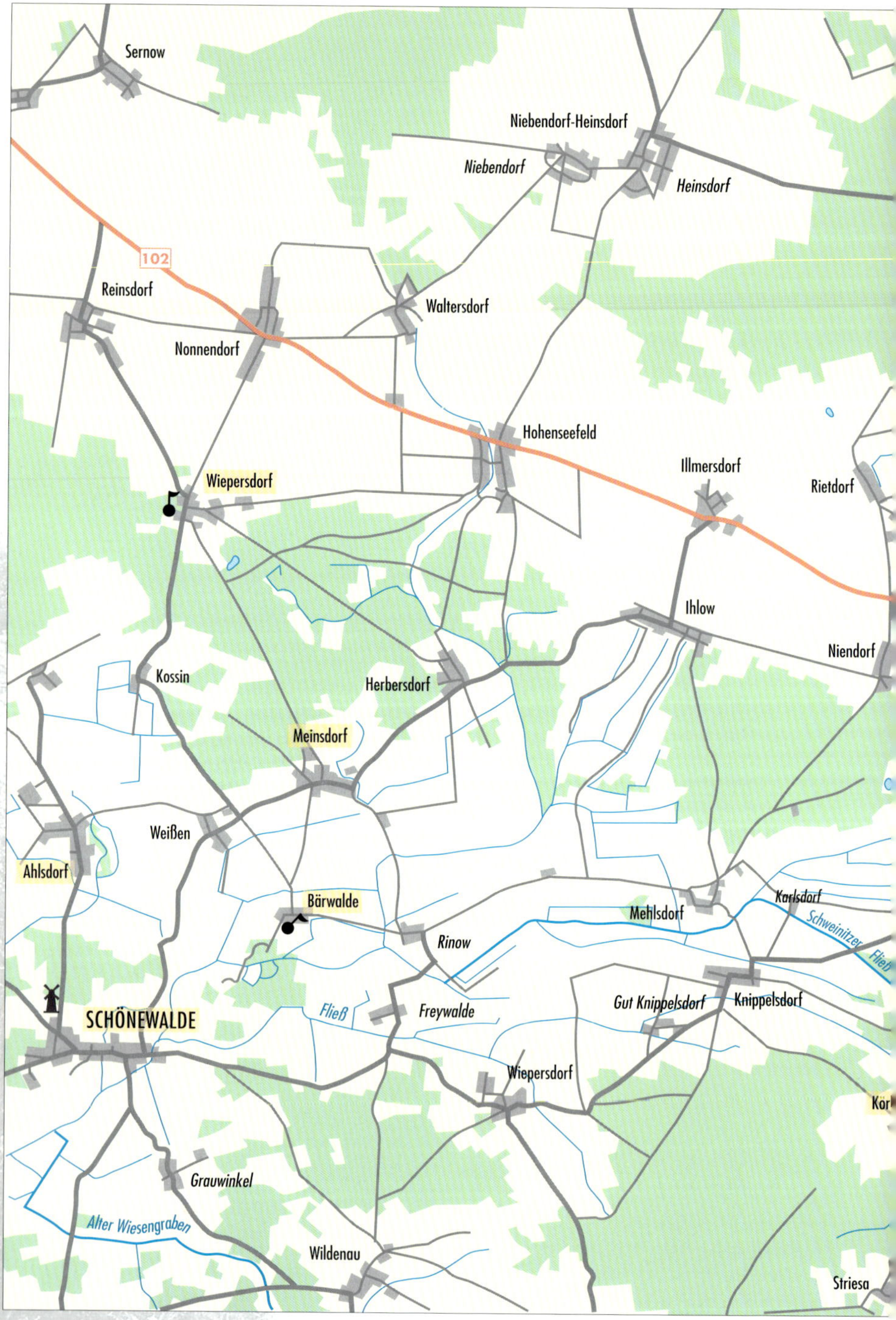
Sernow
Niebendorf-Heinsdorf
Niebendorf
Heinsdorf
102
Reinsdorf
Waltersdorf
Nonnendorf
Hohenseefeld
Illmersdorf
Rietdorf
Wiepersdorf
Ihlow
Niendorf
Kossin
Herbersdorf
Meinsdorf
Weißen
Ahlsdorf
Bärwalde
Karlsdorf
Mehlsdorf
Schweinitzer Fließ
Rinow
Gut Knippelsdorf
Knippelsdorf
Fließ
Freywalde
SCHÖNEWALDE
Wiepersdorf
Grauwinkel
Alter Wiesengraben
Wildenau
Striesa

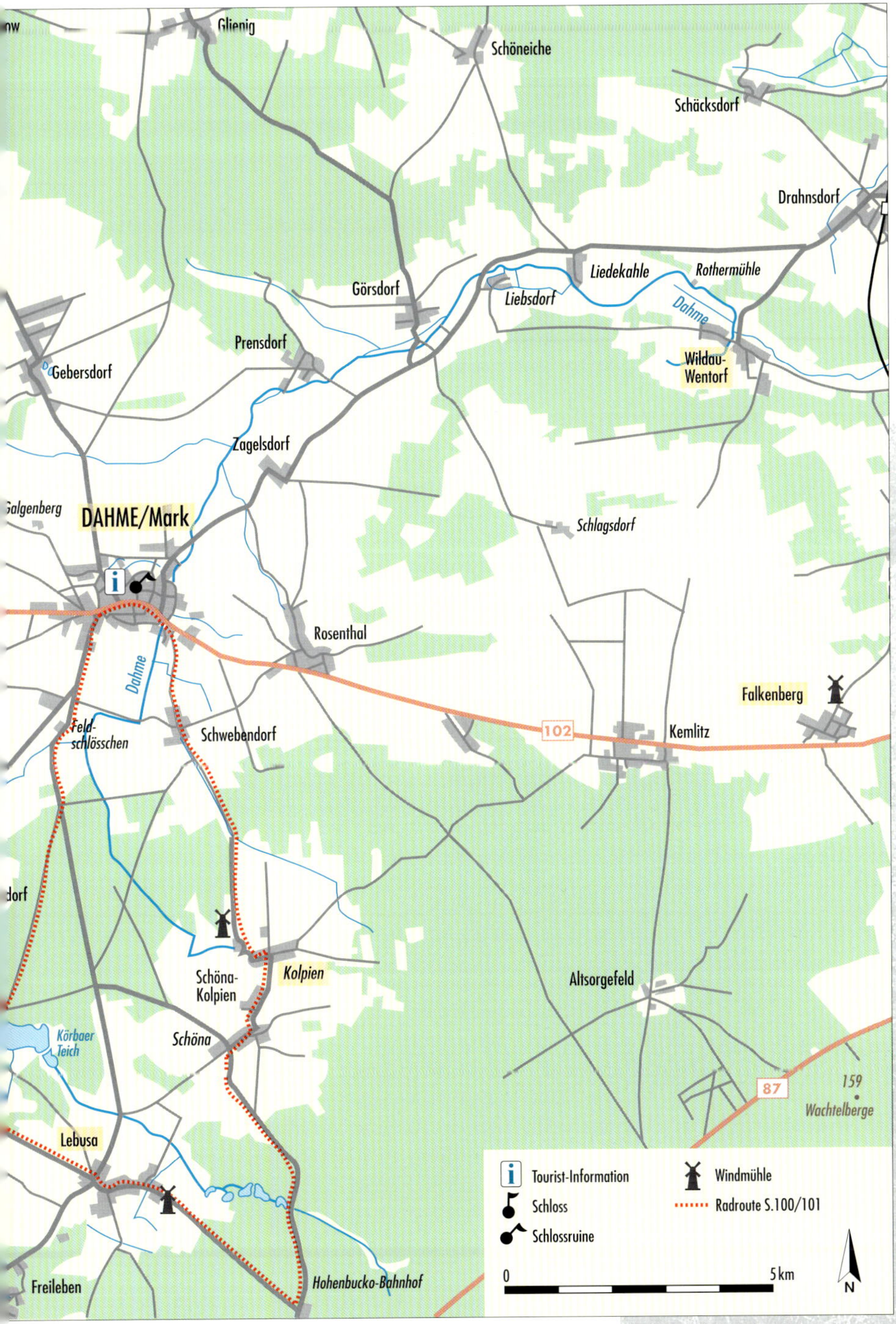
Glienig
Schöneiche
Schäcksdorf
Drahnsdorf
Liedekahle
Rothermühle
Liebsdorf
Dahme
Görsdorf
Prensdorf
Gebersdorf
Wildau-Wentorf
Zagelsdorf
DAHME/Mark
Schlagsdorf
Rosenthal
Dahme
Falkenberg
Feld-schlösschen
Schwebendorf
102
Kemlitz
Schöna-Kolpien
Kolpien
Altsorgefeld
Körbaer Teich
Schöna
87
159
Wachtelberge
Lebusa
Freileben
Hohenbucko-Bahnhof
Tourist-Information
Schloss
Schlossruine
Windmühle
Radroute S.100/101
0
5 km
N

DIE STUFE ZUM NIEDEREN FLÄMING

Im Urstromtal bei Baruth/Mark und der Wald- und Hügellandschaft rund um Petkus

Entwicklungsgeschichtlich besteht die Stufe zum Niederen Fläming aus zwei Teilen: im Norden das tief liegende weichseleiszeitliche Baruther Urstromtal, das während der letzten Kaltzeit die Schmelzwassermassen in Richtung Westen aufnahm, im Süden der saale-eiszeitliche Fläming. Für brandenburgische Verhältnisse bemerkenswert sind die Höhenunterschiede, die besonders auffällig im Gebiet um den Golmberg zu Tage treten. Zwischen Stülpe und dem Golm liegen nur drei Kilometer, das Relief steigt dennoch um über 120 Meter an, sodass die höchste Erhebung des Niederen Flämings, mehr noch als der Hagelberg bei Belzig, auch wirklich als Berg empfunden wird. Zu übersehen ist der Höhenzug ohnehin nicht, denn ein Sendemast ragt hier markant in den Himmel.
Die Petkus-Baruther Gegend ist besonders waldreich, und die Dörfer liegen landschaftlich sehr reizvoll, egal ob am südlichen Rand des Tals oder malerisch in den sanften Wellen des Flämings. Größter Ort der Region ist Baruth, als einziger mit Stadtrechten ausgestattet und um Verwechslungen mit einer Namensschwester in Sachsen zu vermeiden mit dem Zusatz „Mark" versehen. Hier wollen wir unsere Reise beginnen, auch wenn ein kleines Dorf der Stadt den Rang als touristisches Ziel längst streitig macht – Glashütte. Dank der Deutschen Bahn ist die Region gut zu erreichen. Die Fahrt nach Baruth dauert z. B. vom Berliner Ostbahnhof mit dem Regionalzug nur knapp eine Stunde.

BARUTH/Mark

Die kleine Adelsstadt im Urstromtal

Amt Baruth/Mark
Ernst-Thälmann-Platz 4
15837 Baruth/Mark
Fon (03 37 04) 972-0
Fax -972-99

In der Stadt, die der weiten eiszeitlichen Niederung ihren Namen geliehen hat, lenken die zweitürmige Pfarrkirche und das Schloss mit seinem Park den Blick auf die Vergangenheit. Baruth entstand an einer Stelle, wo man unbeschadet die sumpfige Ebene nördlich des Flämings überwinden konnte. Zunächst magdeburgisch, blieb der Ort bis 1815 fast 500 Jahre in sächsischer Hand. Seither ist er brandenburgisch. Auch wenn in den Annalen immer wieder von einer Stadt die Rede war, erhielt Baruth doch erst 1616 das Recht, sich auch so zu nennen. Die Geschichte Baruths ist eng mit dem Namen der Grafen (ab 1679 Fürsten) zu Solms verbunden. 1596 gerieten diese durch Kauf an die durch ein Feuer schwer in Mitleidenschaft gezogene Herrschaft. Nach den Zerstörungen des

Schloss Baruth

30-jährigen Krieges galt es erneut, große Aufbauleistungen zu vollbringen. Doch das Glück war den Solms zu Baruth hold. Im 20. Jh. gehörten sie mit einem Grundbesitz von fast 70.000 ha zu den wohlhabendsten Familien Deutschlands.

Bekannt aus der jüngeren Geschichte ist Fürst Friedrich zu Solms-Baruth, der am missglückten Attentat auf Adolf Hitler am 21. Juli 1944 beteiligt war. Schloss Baruth war während der Vorbereitungen auf den Anschlag geheimer Treffpunkt. Glückliche Umstände führten dazu, dass der Fürst am Leben blieb und mit seiner Familie nach Südwestafrika auswandern konnte. Bedingung war jedoch, nie wieder einen Fuß auf seine Ländereien zu setzen. Sohn und Enkel des einstigen Widerständlers haben ihr Exil beendet, sind inzwischen nach Baruth zurückgekehrt und konnten das *Schloss* zurückerwerben.

Es wird jetzt behutsam restauriert. Im Kern stammt das Gebäude aus dem 17. Jh., hat im 19./20. Jh. jedoch starke Veränderungen erfahren. Glücklicherweise überstand das geschichtsträchtige Bauwerk den Zweiten Weltkrieg, der im Städtchen selbst kurz vor Kriegsende noch schwerste Verwüstungen hinterließ. Besinnlich ist ein Spaziergang durch den *Schlosspark*, der 1838 nach einem Plan von Peter Joseph Lenné im Stil des englischen Landschaftsparks angelegt wurde (↗ Criewen in Bd. Die Uckermark).

Den Herren auf Schloss Baruth verdankt die Stadt aber nicht nur Schloss und Park, auch die *Stadtkirche St. Sebastian* stützt sich auf den Geldsegen der Grafen bzw. Fürsten zu Solms. Nachdem das Gotteshaus am heutigen Walter-Rathenau-Platz 1671 bereits zum zweiten Mal nach 1595 abgebrannt war,

Schloss Baruth

St. Sebastian in Baruth

Pfarrhaus Baruth/Mark
Walter-Rathenau-Platz 7
15837 Baruth
Fon (03 37 04) 663 04
Gruppen nur nach Voranmeldung

traten Reichsgraf Johann Georg und seine Frau als Geldgeber in Erscheinung. Sie wollte für den Hochaltar und – wegen der bevorstehenden Niederkunft – für den Taufstein aufkommen, er den Rest der Ausstattung bezahlen. Diese Kostenteilung konnte letztlich nicht aufrecht erhalten werden, weil die junge Mutter am Kindbettfieber starb. Die Porträts der beiden finden sich zweimal im Innern von St. Sebastian – an der Westempore unterhalb der Orgel und ein weiteres Mal am Altar. Die Inneneinrichtung mit Altar, Kanzel und Emporen zeigt ein feierliches von Geschlossenheit gekennzeichnetes Ambiente, stilistisch am Übergang von der Renaissance zum Barock. Die Schuke-Orgel von 1909 umgibt ein Prospekt aus dem 19. Jh.
An der Westseite des gotischen Kirchenschiffs recken sich zwei 1909 vollendete Doppeltürme in die Höhe. Im Zuge des 300-jährigen Jubiläums der solmsschen Herrschaft in Baruth war von der Familie ein Fonds gestiftet worden mit dem Ziel, den bis dahin bestehenden hölzernen Glockenturm an der Seite durch gemauerte Türme zu ersetzen. Außen an der Ostseite des Chores hängt ein gut erhaltenes Epitaph, das dem Amtmann Friedrich Siegmund Müller (gest. 1743) Ehre angedeihen lässt. Es ist ein Relikt aus jener Zeit, als sich rund um die Kirche der Baruther Friedhof ausbreitete.

Blickfang neben dem Südturm ist die ehemalige Superintendentur des auf Betreiben derer von Solms eingerichteten und inzwischen aufgelösten Kirchenkreises Baruth. Das ansehnliche zweigeschossige *Fachwerkhaus* von 1743 wurde jüngst renoviert.

Reinhold Burger – Erfinder der Thermosflasche

Burger wurde am 12. Januar 1866 in Baruth/Mark geboren. Vater und Großvater waren in Glashütte beschäftigt, und so war es kein Wunder, dass der Nachkomme eine Glastechniker-Lehre absolvierte. 1890 reiste er nach Amerika und sammelte dort in verschiedenen Fabriken Erfahrungen. 1894 gründete er in Berlin seine eigene Glasinstrumenten-Firma. 1903 machte Burger die bahnbrechende Erfindung, die uns noch heute beim Picknick und auf Reisen von unschätzbarem Wert ist. In der damaligen Patentschrift hieß es: „Gefäß mit doppelten, einen luftleeren Hohlraum einschließenden Wandungen mit die Versteifung des Innengefäßes bewirkenden Einlagen ...“. Auf den Weltausstellungen in St. Louis (1904) und Mailand (1906) wurde seine Thermosflasche mit Goldmedaillen ausgezeichnet. Reinhold Burger leitete seine Berliner Fabrik bis zu seinem Tode. Er starb am 21. Dezember 1954, wenige Wochen vor seinem 89. Geburtstag.

Umgeben von den Kiefernwäldern des Baruther Urstromtals, keine sechs Kilometer ostsüdöstlich von Baruth entführt das Dorf **Glashütte** seine Besucher in eine Zeit vor unserer Zeit. Der Name ist Programm, damals wie heute.

1715 zog ein Sturm über das Urstromtal und riss die Wälder nieder, genug Brennholz für die Glasproduktion, die wenig später ihren Betrieb aufnahm. Pottasche (Kaliumcarbonat), Kalk und Sand, die wesentlichen Grundstoffe, waren ausreichend vorhanden. Die zur Herrschaft derer von Solms zu Baruth gehörende Hütte gelangte ab 1830 zu großer Blüte. Besonderer Erfolg war nach der Erfindung hochwertigen Milchglases der Lampenschirm-Herstellung vergönnt. Mitte des 19. Jh.s arbeiteten an drei Öfen 220 Arbeiter. Um 1860 wurde das Gelände modernisiert. Es entstanden ein großes neues Hüttengebäude, Nebengebäude und Wohnhäuser. Bis 1980 war die Glashütte in Betrieb, erst dann führten technische Mängel zur Stilllegung.

Das vom Verein „Glashütte e. V." wieder belebte Dorf ist das besterhaltene Zeugnis dieses früher so bedeutenden Wirtschaftszweiges in der Mark Brandenburg. 1983 unter Denkmalschutz gestellt, konnte das Ensemble seit 1993 umfassend saniert werden und besticht durch die historisch-bauliche Geschlossenheit. Auf dem Gelände gibt es eine Menge zu entdecken und zu erleben. Das *Museum* betrachtet die Glasherstellung aus dem historischen Augenwinkel. Die *Schauglasproduktion* im Museum und eine Glasbläserei machen auf authentische Weise mit dem durchsichtigen Werkstoff vertraut.

Beschilderte Wanderwege führen in die stille Waldlandschaft der Umgebung. Aus dem Dorfbackofen dringt an den Sommerwochenenden der Duft von frischem Brot. Ebenfalls in der warmen Jahreszeit bietet das Glashütter Ambiente den passenden Rahmen für ein vielfältiges Kulturgeschehen (Programm und Kartenvorverkauf beim Verein Glashütte e. V.).

In Glashütte

Museumsdorf Glashütte/
Verein Glashütte e. V.
Hüttenweg 4
15837 Klasdorf
Fon (03 37 04) 98 09 14 u. -19
Fax -98 09 22
www.museumsdorf-glashuette.de
www.technikmuseen.de/glashuette
Öffnungszeiten Museum:
Apr. bis Okt.
Di–So 10.00–18.00 Uhr
Nov. bis März
Di–So 10.00–16.00 Uhr

Veranstaltungen in Glashütte:
Mai Glashüttefest
1. Advent Weihnachtsmarkt

Info-Tafel in Glashütte

Wildpark Johannismühle
Johannismühle 2, 15837 Klasdorf
Fon (03 37 04) 970-11
Fax -970-25
www.wildpark-johannismuehle.de
Öffnungszeiten:
Di–So u. feiertags
Sommerzeit 10.00–18.00 Uhr
Winterzeit 10.00–16.00 Uhr
Hunde mitbringen nicht gestattet!

Südöstlich von Baruth zweigt von der B 96 eine Stichstraße zum *Wildpark Johannismühle* ab. Bis 1994 war ein Teil des 80 ha großen Parks Jagdrevier und privates Erholungsgebiet des Oberkommandierenden der sowjetischen/russischen Truppen in Deutschland. Seither hat sich viel verändert. Im größten Teil des weitläufigen Areals können sich Rot-, Damm- und Muffelwild frei bewegen und man kann sie aus nächster Nähe betrachten. Ein über drei Kilometer langer Rundweg führt an Gehegen für Wildschweine, Auerochsen, Wisente, Wölfe und Bären vorbei. Langeweile kommt im Park auch nach Stunden nicht auf – Vogelvolieren, Teiche und ein Arboretum mit vierzig Gehölzarten sind kurzweilig und lehrreich zugleich.

Einige Dörfer rund um Baruth, inmitten des Urstromtals sind durchaus einen Besuch wert, darunter **Klasdorf**, **Dornswalde** und **Radeland**. In **Paplitz** lädt eine schöne *Dorfaue* – der Birkenhain – zum Verweilen. Das Dorf, das über einen Wanderweg mit Schloss Baruth verbunden ist, besitzt einen idyllischen Ortskern. Ein *Gedenkstein* erinnert an die preußische Königin Louise und aus dem *Dorfbackofen* dringt von Zeit zu Zeit der Duft von frischem Brot nach draußen.

Radroute Schöbendorf – Bombachhaus – Horstwalde – Lynow – Schöbendorf: ca. 14 km (Karte S. 118 f.)

Westlich von Baruth führt diese Route durch die Flemmingwiesen und das *Naturschutzgebiet „Schöbendorfer Busch"*. Wir starten am nördlichen Dorfausgang von Schöbendorf. Es geht in Richtung Horstwalde durch saftige Wiesen zu einem Fachwerkhaus. An diesem so genannten Bombachhaus beginnt das Naturschutzgebiet, in dem Wald und feuchte Wiesen den idealen Lebensraum für seltene Tiere und Pflanzen bilden. Zahlreiche Vogelarten leben hier, und es lohnt sich, das Fahrrad abzustellen, um sich zu Fuß auf Entdeckungsreise zu begeben.

Horstwalde schmiegt sich an den nördlichen Rand des Urstromtals. Mit etwas Fantasie erkennt man die nacheiszeitliche Dünenformation, die das Dorfbild prägt (Wanderweg auf der Parabeldüne mit guter Aussicht). Einen guten Kilometer westlich von Horstwalde führt der Weg nach links und quert erneut einen Zipfel des Naturschutzgebiets. Jetzt geht es durch die von Entwässerungsgräben durchzogenen *Flemmingwiesen*.

In **Lynow** heißt es Rast machen. Das *Oskar-Barnack-Museum* erinnert im Dorf an den Erfinder der Kleinbildkamera. Barnack (1879–1936) konstruierte kurz vor dem Ersten Weltkrieg als Entwicklungsleiter bei der Firma Leitz in Wetzlar die so genannte Ur-Leica für das Kleinbildformat 24x36 mm.

Buschwindröschen und eine alte Eiche im Naturschutzgebiet Schöbendorfer Busch

Jährlich organisiert das Museum einen Fotowettbewerb, alle zwei Jahre sogar eine Biennale mit internationaler Beteiligung.
Auf der Landstraße geht es zurück nach Schöbendorf.

Zirka zwölf Kilometer westlich von Baruth trifft man in **Stülpe** auf ein klassisches Gutsdorf. Das *Schloss* im Norden, links der Straße nach Schönefeld – ein barocker Putzbau von 1744 – markiert wahrscheinlich die Stelle, an der im 12. Jh. eine deutsche Burg errichtet wurde. Letzter Herr auf Stülpe war bis 1945 die Familie von Rochow, unter deren Regie auch das Schloss entstand. Es wurde in jüngster Zeit aufwändig saniert und strahlt in neuem Glanz. Im Landschaftspark, im 19. Jh. angelegt, findet man auf verhältnismäßig engem Raum viele verschiedene Baum- und Straucharten. Die Mitte des Dorfes wird von der barocken *Kirche* eingenommen.

Von Stülpe führt eine Straße aus dem Baruther Urstromtal hinauf auf die Höhen des Niederen Flämings. Bis vor ein paar Jahren war die gesamte Geländestufe zwischen Jüterbog und Baruth auf einer Fläche von 13.000 ha militärisches Sperrgebiet. Heute darf man den waldreichen Landstrich teilweise wieder betreten, man sollte aber auf den Wegen bleiben und nicht achtlos durchs Gelände streifen.

Von Ließen aus führt ein Weg zum 178,30 m hohen *Golmberg*. Weil der Golm dicht, zumeist mit Kiefern bewachsen ist, hat man allerdings keine Fernsicht. Nicht immer gab es hier würzig nach Harz duftende Kiefernforsten, noch Ende des 18. Jh.s zählte man auf und rund um den Berg 50.000 Eichen. Inmitten dieses Waldes gab es früher eine Marienkapelle, die bis 1522 Ziel von Wallfahrern war. Die Gaben der Pilger füllten aber nicht die Geldbörsen der Waldbauern, sondern kamen den Mönchen von Kloster Zinna (↗) zugute. Mit der Reformation setzte schnell der Verfall ein, die Trümmer der Kapelle verwendeten die Stülper 1562 beim Bau ihrer Dorfkirche. Ein paar hundert Meter weiter westlich des Golms, auf dem Habichtsberg steht unübersehbar ein hoher Mast, der 1939/40 als Sendeanlage für das Militär errichtet worden ist. Heute dient er der Verbreitung von Fernsehprogrammen.

Vor dem Zweiten Weltkrieg war dieser Landstrich ein beliebtes Ausflugs- und Wanderziel der Berliner. Nachdem die Wälder wieder öffentlich zugänglich sind, knüpft man erneut an diese Zeit an. In **Ließen**, landschaftlich reizvoll in den südlichen Ausläufern des Golms gelegen, kümmert sich ein Traditionsverein um die Wiederbelebung des Tourismus‘. Für Gruppen werden geführte Wanderungen von 2,5 – 6 Std. Dauer angeboten. Der Verein betreibt auch einen historischen, 1800 erbauten und 1992 rekonstruierten *Backofen*, in dem im Sommer nach über-

Oskar-Barnack-Museum
Oskar-Barnack-Straße 13
14947 Lynow (Nuthe-Urstromtal)
Öffnungszeiten:
Sa 10.00–12.00 Uhr
oder nach Vereinbarung unter
Fon (03 37 33) 503 09

zu Lynow und Umgebung:
www.nuthe-urstromtal.de

Im Baruther Urstromtal bei Stülpe

Traditionsverein „Hoher Golm“
Dorfstraße 15 c
14913 Ließen
Fon (03 37 45) 504 10
oder -502 22
Für Gruppen: Brotbacken und
geführte Wanderungen

lieferter Methode Brot gebacken wird. Ungewöhnlich für einen so kleinen Ort: Alljährlich am zweiten Advent zieht der Duft von Lebkuchen und Glühwein um die barocke *Dorfkirche*. Dann laden die Ließener zu ihrem stimmungsvollen *Weihnachtsmarkt*.

Bockwindmühle in Petkus

Anderthalb Kilometer südöstlich von Ließen liegt **Petkus**. Das Dorf war bis 1815 sächsisch. Es tauchte 1229 erstmals in einem Schriftstück auf, in Erwähnung eines „Teodericus de Petecose". Am Ortsende, rechts der Straße nach Wahlsdorf stellt sich seit 1835 eine *Mühle* dem Wind entgegen. Im Original als Bockwindmühle erbaut, die beschwerlich per Hand ausgerichtet werden musste, funktionierte man sie 1950 zu einer so genannten Paltrockwindmühle um. Eine Windrose auf dem Dach und ein leichtgängiger Rollenkranz unten sorgten nun gemeinsam für die richtige Stellung zum Wind (↗ Schönewalde). Die Petkuser Mühle wurde vor kurzem aufwändig restauriert. Sie besitzt noch die vollständige Technik für die Getreideverarbeitung und wird ab und zu in Betrieb genommen.

Ein schönes Besuchsziel im Dorf, vor allem von Mai bis Oktober, ist der *Kräutergarten Petkus*. Riechen und Fühlen erlaubt, von A wie Anis bis Z wie Zitronenmelisse – auf 3.500 m^2 wachsen hier Wildkräuter, über deren Arten, Nutzen und Pflanzbedingungen man gerne Auskunft gibt. Sogar an Blinde hat man im Kräutergarten gedacht, einzelne Pflanzen sind in Brailleschrift gekennzeichnet. Wer seinen Balkon oder die heimische Küche mit getrockneten oder frischen Kräutern – auch im Topf – bereichern will, findet hier eine reiche Auswahl. Auf dem Gelände der Gärtnerei lädt eine Keramik- und Teestube zur Beschäftigung mit Ton. Unter erfahrener Anleitung kommt hier auch der blutige Anfänger zu selbst getöpferten Tellern, Tassen oder was auch immer mithilfe der eigenen Hände entstehen soll. Die Blätter für die Heißgetränke kommen natürlich aus dem eigenen Garten – ein Huflattich-Tee gefällig?

Paltrockwindmühle Petkus
„Friedensmühle"
Besichtigung nach Anmeldung:
Helmut Behrendt
Hauptstraße 25
14913 Petkus
Fon (03 37 45) 502 01

Kräutergarten Petkus
Riech- und Fühlgarten
Hauptstraße 18
14913 Petkus
Fon (03 37 45) 503 80
Öffnungszeiten:
Mo–Fr 8.00–17.00 Uhr
Sa 9.00–12.00 Uhr

Auch in **Merzdorf**, 4 km östlich von Petkus, steht eine *Windmühle*. Ländliche Idylle am großen Dorfteich. Die *Kirche* aus dem 15. Jh. wurde im 17. Jh. barock umgebaut. Der Turm ist von 1930. Das Feuerwehrgerätehaus daneben wurde 1834 wahrscheinlich als Leichenhalle errichtet und später umgewidmet.

Begegnungsstätte „Keramik- und Teestube", Hauptstraße 18
Haus am Kräutergarten
14913 Petkus
Fon (03 37 45) 500 29
Öffnungszeiten:
Mo–Fr 8.00–15.00 Uhr
zum Töpfern bitte anmelden

Am Wahlsdorfer Dorfteich

Wahlsdorf, etwa vier Kilometer südsüdwestlich von Petkus, ist ebenfalls einen Besuch wert. In aller Stille spiegelt sich der Ort im großen Dorfteich, nur das Quaken der Frösche durchdringt in milden Monaten die Ruhe.

Erhalten ist der *Gutshof* mit einem *Gutshaus* (etwa 1910) und den Wirtschaftsgebäuden gegenüber. Ein *Dorfmuseum* stellt hier ländliche Gerätschaften aus, z. B. zur Flachsbearbeitung/Leinenherstellung. Feste Öffnungszeiten gibt es nicht, man wendet sich an Frau Keller in der Hauptstraße 35. In der *Kreativbude* in der Nähe kann man in traditionellen Techniken wie Papierschöpfen, Filzen, Spinnen und Weben, Siebdruck, Modellieren und Seidenmalerei seine persönliche Schöpferkraft entfalten.

Gutshaus in Wahlsdorf

In Wahlsdorf gibt es zudem ein *Freibad*, das ab Mai seine Tore öffnet.

Östlich von Wahlsdorf und Buckow ragt der Landkreis Dahme-Spreewald mit einem Zipfel noch ein klein wenig in den Niederen Fläming hinein. Mittelpunkt dieser welligen und waldreichen Gegend ist **Glienig**. In diesem Dorf steht ein wunderschönes *Jugendstil-Herrenhaus*, erbaut in den Jahren 1875–1911. Es lohnt sich, die repräsentativen Räumlichkeiten im Erdgeschoss in Augenschein zu nehmen, sehenswert sind vor allem das Ves-tibül und das elegante Treppenhaus. Möbel aus der Bauzeit sind zwar leider nicht mehr vorhanden, wohl aber die unbewegliche original Inneneinrichtung von 1906. Die Arbeiterwohlfahrt betreibt hier eine offen geführte Behindertenwohnstätte. Besucher sind willkommen, auch im gut acht Hektar großen weitläufigen *Landschaftspark*.

Kreativbude Wahlsdorf
Schulstraße 3
14913 Wahlsdorf
Fon (03 37 45) 502 96
Öffnungszeiten:
täglich von 8.00–20.00 Uhr
Kursteilnahme nach Anmeldung

Freibad Wahlsdorf
14913 Wahlsdorf
Fon (03 37 45) 508 86
Öffnungszeiten:
ab Mai 13.00–20.00 Uhr
in den Ferien 10.00–20.00 Uhr

Informationen zum Landstrich Glienig/Golßen/Luckau:
Fremdenverkehrsverband Niederlausitzer Land e. V.
Nordpromenade 19
15926 Luckau
Fon (035 44) 30 50
Fax -50 82 76
E-Mail: fvvb.luckau@t-online.de

Gottow
Horstwalde
Schönefeld
Dümde
Horstgraben
Flemmingwiese
Jänickendorf
Holbeck
Lynow
Stülpe
178
Golmberg
Ließen
Merzdorf
137
Hirseberg
115
Hakenberge
Charlottenfelde
Petkus
123
Rauhe Berge
Lochow
Schlenzer
Riesdorf
Wahlsdorf
Liepe
Buckow
Sernow

NSG
Schöbendorfer
Busch
Mückendorf
96
Waldsiedlung
Hammerfließ
Schöbendorf
Paplitz
Radeland
Dornswalde
BARUTH/Mark
Klein Ziescht
Glashütte
Wildpark
Johannismühle
Klasdorf
Museums-
dorf
Am Bahnhof
Kemlitz
96
126
Spitzberg
Groß Ziescht
Mahlsdorf
Alt Golßen
GOLSSEN
Damsdorf
Sellendorf
Landwehr
Schenkendorf
Hohendorf
Schönerlinde
Windmühle
Radroute S.114/115
Glienig
Schloss
Schöneiche
0
5 km
N

LUCKENWALDE

Tourist-Information
Markt 12 a
14943 Luckenwalde
Fon u. Fax (033 71) 63 21 12
www.luckenwalde.de

Veranstaltungen in Luckenwalde:
Juni Turmfest
August Schützenfest
Letzter So im August Tierparkfest
15.9. September Theaterfest
Dezember Weihnachtsmarkt

Kariedelbrunnen

Die einstige Tuchmacherstadt an der Nuthe

Der Reiz Luckenwaldes ergibt sich aus seiner spannungsreichen städtebaulichen Zweiteilung. Die Mitte mit Markt, Breite und Baruther Straße stellt den historischen Siedlungskern dar. Hier finden wir die ältesten Gebäude der Stadt, darunter die Pfarrkirche St. Johannis, den Marktturm, einige Fachwerkhäuser und das Rathaus. Um dieses Areal herum hat sich Luckenwalde mit der fortschreitenden Industrialisierung ab dem 19. Jh. rasant erweitert. Die Stadt besitzt daher eine ganze Reihe interessanter Fabrik- und öffentlicher Gebäude jüngerer Architekturgeschichte.

Luckenwalde liegt zwar im Kreuzungsbereich überregionaler Straßen, man kann das Auto aber auch zu Hause lassen. Von Berlin geht es am schnellsten mit der Bahn, die Fahrt vom Bahnhof Zoo dauert eine Stunde, von Jüterbog sind es nur wenige Minuten.

Der Straßenname „Burg" in nordöstlicher Verlängerung des Marktes erinnert noch an eine Wehranlage. 1987 bestätigte sich bei archäologischen Grabungen die Vermutung, dass hier eine 1216 erwähnte Befestigung lag, in deren Schatten sich die Siedlung Luckenwalde herausbildete. Palisadenreste dieser frühmittelalterlichen Burg sind im Heimatmuseum ausgestellt. Mit dem Verkauf Luckenwaldes und elf umliegender Dörfer an das Kloster Zinna wurde die Anlage ab 1285 nutzlos, sie verfiel. Bis zur Säkularisation 1553 befand sich Luckenwalde, dem Erzbistum Magdeburg zugehörig, im Besitz der Zinnaer Mönche. Seit 1680 ist es brandenburgisch.

Obwohl sich der Ort an der Nuthe städtisch entwickelte, Jahr-, Vieh- und andere Märkte abhalten durfte und über einen Bürgermeister verfügte, mussten die Bürger auf die Verleihung der Stadtrechte bis 1808 warten. Zuvor, im 18. Jh., hatte sich Luckenwalde bereits zu einem Zentrum der Tuchfabrikation gemausert. Für Weber aus dem thüringischen Gera, deren Stadt bei einem Brand verwüstet worden war, legte man im Bereich der heutigen Käthe-Kollwitz-Straße (ehem. Geraer Straße) eigens eine Vorstadt an. Hunderte Arbeiter verdingten sich um die Wende zum 19. Jh. in der Wollzeug- und Tuchfabrikation. Durch die zunehmende Indus-

In der Breiten Straße

trialisierung und den Bahnanschluss (1841) entwickelte sich Luckenwalde hinter Forst/Neiße zum zweitgrößten Textilstandort in der damaligen Provinz Brandenburg. 1901 gab es 19 Tuch- und 12 Hutfabriken. Andere Unternehmen siedelten sich an, darunter Klavierfabriken und Metall verarbeitende Betriebe.
Kriegsbedingte Zerstörungen hatte die Stadt 1945 kaum zu beklagen, einem Kahlschlag gleich kam dagegen die Demontage von nahezu neunzig Prozent aller Industrieanlagen und deren Abtransport in die damalige Sowjetunion. Die Zeit Luckenwaldes als eine der bedeutendsten Textilstädte Preußens und Deutschlands gehört der Vergangenheit an, mit gut 22.600 Einwohnern zählt man aber noch immer zu den größten Städten Brandenburgs. Seit 1993 ist Luckenwalde Verwaltungsmittelpunkt des Kreises Teltow-Fläming, der aus der Vereinigung der Kreise Jüterbog, Zossen und Luckenwalde hervorging – anknüpfend an die Zeitspanne 1816–1946, als es schon einmal einen Kreis Jüterbog-Luckenwalde gab.

Der beste Ort, um mit einem Stadtrundgang zu beginnen, ist der *Markt* im historischen Zentrum. Die mittelalterlichen Bauten gingen im 30-jährigen Krieg und bei den Stadtbränden von 1674 von 1723 verloren. Eingerahmt wird der weite Platz von Bürgerhäusern des 18. und 19. Jh.s. Nicht zu übersehen und Wahrzeichen Luckenwaldes ist der *Marktturm*. Von der Annahme, dass der Bau früher Teil einer deutschen Burg war, ist man inzwischen abgerückt – sein Ursprung ist noch immer Gegenstand verschiedenster Theorien. Am wahrscheinlichsten ist, dass das Gemäuer vor dem Verkauf Luckenwaldes an Kloster Zinna als magdeburgisch-erzbischöflicher Zollturm diente, da die Nuthe damals östlicher Grenzfluss des Erzbistums war. Unstrittig ist, dass der Turm seit 1484 als Glockenturm für die benachbarte Kirche genutzt wird. Aus dieser Zeit ist wohl auch das gotische Backsteingeschoss über dem Feldsteinsockel. Dachhaube und Laterne im Barockstil schließen seit 1730 den Marktturm nach oben ab.
Das Heimatmuseum bietet für Gruppen ab zehn Personen Turmführungen an. Bei gutem Wetter reicht die Sicht bis zum Berliner Fernsehturm.

Marktturm

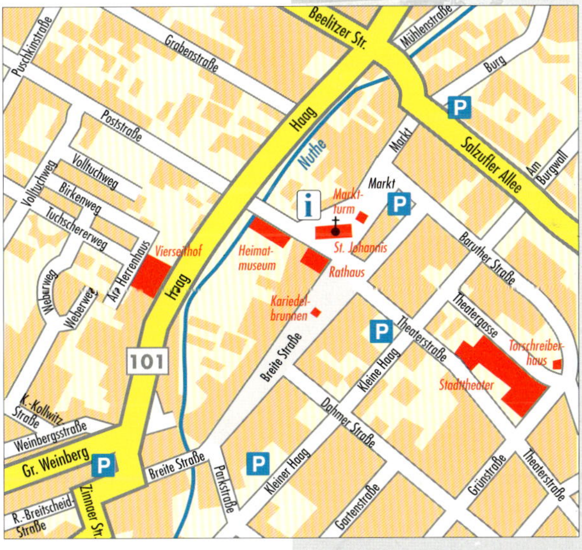

St. Johannis-Kirche

Ev. Gemeindebüro
Markt 13
Fon u. Fax (033 71) 61 09 25

An der Südwestflanke des Marktturms, in Ost-West-Ausrichtung und damit im städtebaulichen Widerspruch zu den umliegenden Häusern steht die *St. Johannis-Kirche*. Vier Bauphasen sind deutlich zu erkennen. Massives Feldsteinmauerwerk steht für den ältesten Teil. Dieser stammt von der mittelalterlichen Gründungskirche (13. Jh.), die in der zweiten Hälfte des 15. Jh.s in den Neubau aus Backstein einbezogen wurde. Die dem Rathaus zugewandte Südkapelle wurde 1520 angefügt. Im Zuge des Anbaus der Nordkapelle konnte schließlich 1905 die Kreuzform von St. Johannis komplettiert werden. Der eigenwillige, etwas erhöhte Westgiebel mit seinen zweireihigen Ziertürmen wurde damals mit einer neogotisch anmutenden Schauseite versehen. St. Johannis ist eine zweischiffige Kirche mit Sterngewölbe im Chor und Kreuzrippengewölbe in Haupt- und Seitenschiff, das auf achteckigen Pfeilern ruht.

Die Lücke zwischen Marktturm und St. Johannis

Dass St. Johannis ursprünglich keinen Kirchturm hatte, liegt daran, dass die Zisterzienser baulich nicht in Gottes Höhen strebten. Die Sage aber weiß zu berichten, warum der Marktturm nicht, wie es sich für einen echten Glockenturm gehört, direkt an der Westseite der Luckenwalder Kirche steht.

Schuld sind die Jüterboger, die den nördlichen Nachbarn einst ihren Turm rauben wollten. Als der Luckenwalder Nachtwächter, voll des guten Bieres vom Schützenfest, schlief, luden die Jüterboger den Turm auf einen Wagen. Die vorgespannten Pferde zogen und ächzten doch nach wenigen Schritten brach das Gespann auseinander, der Turm rutschte ab und blieb fortan für alle Zeiten an Ort und Stelle stehen. Die Luckenwalder aber, erwacht vom Lärm, fielen über die Jüterboger her und vertrieben sie mit Schimpf und Schande aus der Stadt.

Zwei *Fachwerkhäuser* bereichern den Platz an der Kirche. Nördlich, in einem ehemaligen Schulhaus von 1723, befindet sich heute die Luckenwalder *Tourist-Information* (Markt 12). Nur einen Steinwurf entfernt, im Haus Markt 11, lädt das *Heimatmuseum* ebenfalls in ein altes denkmalgeschütztes Schulgebäude (1828/29). Webstühle, Spulenständer, Spinnräder und Garnhaspeln belegen die reiche Geschichte der hiesigen Tuchmacherei. Glanzstück der Ausstellung ist ein eiserner Webstuhl, etwa aus dem Jahre 1920. Das Museum organisiert jedes Jahr neben der Dauerausstellung noch zehn Sonderausstellung mit wechselnden Schwerpunkten.

Den Markt nach Süden begrenzt das *Rathaus*. Der spätklassizistische Bau dokumentiert eine neue Zeit und die gestiegene Bedeutung Luckenwaldes im Reigen der märkischen Städte – und natürlich das gewachsene Selbstbewusstsein der Bürger. Eingeweiht wurde das Gebäude im Stil der Schinkel-Schule am 15. Oktober 1844, dem 49. Geburtstag des damaligen preußischen Regenten Friedrich Wilhelm IV. Das Rathaus markiert zugleich den Beginn der *Breiten Straße*, geschäftiger Mittelpunkt der Stadt und vom Autoverkehr befreite Fußgängerzone. Mittendrin sprudelt der originelle *Kariedelbrunnen*. Kariedeln nennt man im Fläming den Brauch der Kinder, zur Fastnachtszeit von Haus zu Haus zu gehen, um milde Gaben zu erbitten. Schlesische Weber haben diese Sitte aus ihrer Heimat mit nach Luckenwalde gebracht.

Vis-à-vis vom Rathaus zweigt die Theaterstraße von der Breiten Straße ab. Sie führt zum *Stadttheater* in der Grünstraße. Gemeinsam mit der Friedrich-Ebert-Schule ist der 1927–30 realisierte Komplex ein lebendiges Beispiel der sachlich-funktionalistischen Architektur der Zwanzigerjahre des 20. Jh.s. Wer nordöstlich in die Baruther Straße einbiegt, trifft wenig später auf das ehemalige *Torschreiberhaus*. Der kleine eingeschossige Fachwerkbau aus dem 17. Jh. war Anlaufstelle für jeden, der in der Stadt Handel treiben wollte, um seinen Zoll zu entrichten.

Noch im Zentrum zu finden und über die Stadt hinaus bekannt ist der *Vierseithof*. Dies ist im Fläming die typische Bauweise bei Bauernhöfen. Der vergleichbar einem Herrenhaus im preußischen Barock errichtete Luckenwalder Vierseithof war Bestandteil der auf Geheiß Friedrichs des Großen im 18. Jh. entstandenen Geraer Vorstadt mit Webereien und Wohngebäuden. Das 1996/97 umfassend renovierte Ensemble beherbergt heute ein stilvolles Hotel. In Sichtweite betreibt ein Kunstförderverein die *Kunsthalle Vierseithof*. Malerei, Fotografie, Bildhauerei ziehen mehrmals im Jahr kunstinteressierte Luckenwalder und ihre Gäste in die historische Maschinenhalle. Das städtische Standesamt hat hier außerdem ein Trauzimmer eingerichtet.

Heimatmuseum Luckenwalde
Markt 11, 14943 Luckenwalde
Fon (033 71) 61 13 59
Öffnungszeiten:
Di–Do 10.00–12.00 u.
13.00–17.00 Uhr
Sa 13.00–17.00 Uhr
So 10.00–12.00 Uhr u.
14.00–17.00 Uhr

Stadttheater Luckenwalde
Grünstraße 14
Programm und Eintrittskarten in der Tourist-Information

Stadttheater

Vierseithof

Kunsthalle Vierseithof

Kunsthalle Vierseithof
Am Herrenhaus 2, Luckenwalde
Fon (033 71) 62 68-85
Fax -62 68 68
Öffnungszeiten:
Mi–Fr 16.00–21.00 Uhr
Sa, So, feiertags 13.00–18.00 Uhr

Fläming-Therme
Weinberge 40, Luckenwalde
Fon (033 71) 400-20
Fax -400-222
www.flaemingtherme-luckenwalde.de
Öffnungszeiten:
täglich 10.00–22.00 Uhr

Freibad Elsthal, Teichwiesenweg
Öffnungszeiten: Mai bis Sept.
täglich 10.00–20.00 Uhr
Fon (033 71) 61 51 31

Heimat-Tierpark Luckenwalde
Neue Parkstraße 5
14943 Luckenwalde
Fon: (033 71) 61 03 73
Öffnungszeiten:
Apr. bis Okt. tägl. 7.00–18.00 Uhr
Nov. bis März tägl. 7.00–16.00 Uhr

Wenden wir unseren Blick auf die Gründerzeit. Ganze Straßenzüge mit *gründerzeitlicher Wohn- und Fabrikbebauung* sind in Luckenwalde erhalten geblieben. Hinzu kommen öffentliche Gebäude, darunter das ehemalige *Postgebäude* 1890/91 und das *Gymnasium* in der Parkstraße (1909/10). Zwei weitere, neogotisch gehaltene, Bauten jener Zeit sind der 1906 errichtete *städtische Schlachthof* in der Buchtstraße sowie das *Gebrüder-Heinrich-Stift* (1899) in der Lindenstraße, beide nördlich der Altstadt. Mit steigender Bevölkerungszahl benötigte man auch mehr Kirchen. Die zugewanderten Katholiken bekamen 1913/14 ihre eigene *St. Joseph-Kirche* in der Lindenallee. *St. Jakobi* in der Zinnaer Straße wurde 1894 eingeweiht, *St. Petri* war jenseits der Bahnstrecke im Zuge der Stadterweiterung nach Westen bereits 1890/91 entstanden.

Es lohnt sich, als Wanderer zwischen den architektonischen Welten die Stadt beiderseits der Nuthe zu erkunden. Die Tourist-Information hält eine interessante Informationsschrift bereit, die den Besucher auf drei ausgewählten Routen durch die Stadt lenkt. Ein Bauwerk steht wie kein anderes für den Aufstieg und Fall der Textilstadt Luckenwalde: die *ehemalige Hutfabrik* im äußersten Südwesten (zu erreichen über die B 101 nach Süden, gegenüber dem Jüterboger Friedhof biegt man rechts in die Straße „Schieferling", dann links in die Industriestraße ein). Den Entwurf zu diesem Industiedenkmal von 1921–23 lieferte Erich Mendelsohn (↗ Bd. Potsdam, Einsteinturm). Er war einer der wegweisenden deutschen Architekten seiner Zeit, der schon Anfang des 20. Jh.s in Beton den Baustoff der Zukunft sah. Dem Fabrikgebäude war ein im Querschnitt hutförmiges Dach aufgesetzt, dessen Demontage dem grandiosen Industriebauwerk bereits 1935 seine Proportionen raubte. Verschiedenste industrielle Nutzungen und bauliche Veränderungen führten leider dazu, dass die heute leer stehende Halle nur noch schwer als einzigartiges Industriedenkmal zu erkennen ist.

Zum Schluss noch drei Tipps zur Freizeitgestaltung jenseits von Marktturm und Industriegeschichte: Seit ihrer Eröffnung im Oktober 2000 hat sich die *Fläming-Therme* für die „Wasserratten" der Region als Magnet erwiesen. Zwei Riesenrutschen (90 und 50 m lang) sind reinstes Kindervergnügen. Auch an Strömungskanal, Sprudelliegen und Massagedüsen hat man gedacht. Geruhsamer geht es in der Sauna oder im Dampfbad zu. Im Sommer öffnet in den Nuthe-Auen im Süden der Stadt das *Freibad Elsthal*.
Eine Viertelstunde zu Fuß vom Markt ist es zum *Heimat-Tierpark*. Der 1956 gegründete Zoo nördlich des angrenzenden *Stadtparks* beherbergt auf zwei Hektar 350 Tiere 44 verschiedener Arten.

Tourist-Informationen, Naturparks:

Tourist-Information Belzig
Straße der Einheit 5
14806 Belzig
Fon (03 38 41) 387 99 10
Fax (03 38 41) 387 99 99
www.belzig-online.de
E-Mail: info@belzig.com

Fremdenverkehrsverein
„Hoher Fläming" e. V.
Schloßstraße 1
14827 Wiesenburg
Fon (03 38 49) 504 45
Fax -502 71
www.flaeming-burgen.de

Fremdenverkehrsverein
„Niemegker Land" e. V.
Burg Rabenstein
14823 Raben
Fon (03 38 48) 600 29
Fax -609 99

Naturparkzentrum
Brennereiweg 45
14823 Raben
Fon (03 38 48) 600 04
Fax -603 60
www.flaeming.net
E-Mail: info@flaeming.net

Information Möckern
Am Park 3
39291 Möckern
Fon u. Fax (03 92 21) 609 64
www.moeckern.de

Stadtverwaltung Loburg
Markt 1
39279 Loburg
Fon (03 92 45) 948-25, Fax -948-19
www.loburg.de
E-Mail: stadt-loburg@t-online.de

Private Stadtinformation Loburg: B. Stöhr
Dammstraße 23/25
39279 Loburg
Fon u. Fax (03 92 45) 20 22

Förderkreis Kultur- und Denkmalpflege
Leitzkau e. V.
Am Schloß 4
39279 Leitzkau
Fon (03 92 41) 41 68

Tourismusbüro Ziesar
Mühlentor 16
14793 Ziesar
Fon (03 38 30) 219, Fax -611 50

Fremdenverkehrsverein Brück
Ernst-Thälmann-Straße 59
14822 Brück
Fon (03 38 41) 336 44, Fax -336 54
www.fvv-brueck.de
E-Mail: fvvbrueck@fvv-brueck.de

Stadtinformation Treuenbrietzen
Großstraße 17
14929 Treuenbrietzen
Fon (03 37 48) 121 02, Fax -128 52
www.treuenbrietzen.de
E-Mail: Stadtinfo_Treuenbrietzen@t-online.de

Naturparkverwaltung im
Naturschutzzentrum Stücken
Zauchwitzer Str. 51
14547 Stücken
Fon (03 32 04) 359 01, Fax -418 69

Stadtinformation im Rathauskeller
Markt 21
14913 Jüterbog
Fon u. Fax (033 72) 46 31 13
www.jueterbog.de
E-Mail: StadtJueterbog@t-online.de

Stadt Seyda
Bergstraße 1
06918 Seyda
Fon u. Fax (03 53 87) 422 01
www.seyda.de

Tourist-Information Dahme
Töpferstraße 17
15936 Dahme/Mark
Fon (03 54 51) 915 55, Fax -915 55 o. -493
www.dahme.de, www.dahme-mark.de

Amt Schönewalde
Markt 48
04916 Schönewalde
Fon (03 53 62) 281, Fax -230

Amt Baruth/Mark
Ernst-Thälmann-Platz 4
15837 Baruth/Mark
Fon (03 37 04) 972-0, Fax -972-99

Tourist-Information
Markt 12 a
14943 Luckenwalde
Fon u. Fax (033 71) 63 21 12
www.luckenwalde.de

Museen (Auswahl):

Museum Burg Eisenhardt
14806 Belzig
Fon u. Fax (03 38 41) 424 61

Heimatmuseum Dahme
Töpferstraße 16
15936 Dahme/Mark
Fon u. Fax (03 54 51) 493

Museumsdorf Glashütte/
Verein Glashütte e. V.
Hüttenweg 4
15837 Klasdorf
Fon (03 37 04) 98 09 14 u. -19
Fax -98 09 22
www.museumsdorf-glashuette.de

Städtisches Museum Abtshof
Planeberg 9
14913 Jüterbog
Fon u. Fax (033 72) 40 15 31

Museum Kloster Zinna
und Schaudestille „Zinnaer Klosterbruder"
Am Kloster 6
14913 Kloster Zinna
Fon (033 72) 43 26 10, Fax -43 95 05

Webermuseum
Berliner Straße 72
14913 Kloster Zinna
Fon (033 72) 43 27 39

Heimatmuseum Luckenwalde
Markt 11, 14943 Luckenwalde
Fon (033 71) 61 13 59

Heimatmuseum Treuenbrietzen
Großstraße 105
14929 Treuenbrietzen
Fon (03 37 48) 705 06

Künstlerhaus Schloss Wiepersdorf
14913 Wiepersdorf
Fon (03 37 46) 699-0, Fax -69919
www.wiepersdorf.de
E-Mail: schloss.wiepersdorf@t-online.de

Heimatmuseum Ziesar
Mühlentor 16
14793 Ziesar
Fon (03 38 30) 219, Fax -611 50

Bernd Streiter ist Radierer, Zeichner und Bildhauer am Mödlicher Elbdeich in der Prignitz. Im Mittelpunkt seines Schaffens stehen Arbeiten zur Literatur. Einen Teil seiner Werke finden Sie unter: www.streiter-art.de.

Herzlichen Dank sagt der Herausgeber für die Bereitstellung von Materialien und die inhaltliche Zuarbeit den Mitarbeiterinnen und Mitarbeitern der Tourismusvereine, Stadtverwaltungen, Museen sowie all jenen, die durch ihre fachliche Beratung bei der Entstehung des Reiseführers Brandenburg Der Westen, Band 3 Der Fläming und das Baruther Urstromtal mitgewirkt haben. Im Besonderen: Familie vom Hagen, Möckern; K. Trick, Naturpark Hoher Fläming; J. Götting-Frosinski, A. Schütte, Naturpark Nuthe-Nieplitz

PRO LINE CONCEPT-Verlag
Groß Väter 18
17268 Groß Dölln
Fon (030) 2 82 51 72
Fax (030) 28 04 64 58

Der Band wurde mit Unterstützung des ADAC Berlin-Brandenburg e. V. realisiert.

Fotos
Naturpark Hoher Fläming S.4,19 o., 25 o., 57 m., u.; W. Klaeber S.19, 25 u., 54 o., 71 o., 114 m./u., 115 ; Familie v. Hagen S. 31 o.; Stadt Loburg S. 36 o.; Loburger Brennerei S. 37 o.; Töpferei Ludwig S. 49 o.; Treffehn S. 49 u.; Fotoatelier Hahn S. 72 u.; K. Decruppe S. 71, 73; B. Schubert S. 79 o., 82 o., 83, 84 o., 111 o., 116 u., 120–124; G. Beier S. 85; Neumann S. 86 o.; A. Günther S. 91 o.; Wildpark Johannismühle S. 114 o.; alle weiteren Fotos travel.TEXT.berlin

Redaktion und Layout: PRO LINE CONCEPT, Beate Schubert
Text: travel.TEXT.berlin, Berlin
Grafiken: Bernd Streiter, Mödlich
Karten: Josefine Schubert, Berlin
Lithografie und Druck: Königsdruck, Berlin
Printed in the European Union

ISBN 3-931021-42-4

ADAC
Berlin-Brandenburg

Auto und ADAC – Betreuung rund um die Mobilität

Wenn es um garantierte Mobilität rund um das Automobil geht, vertrauen in Berlin und Brandenburg bereits weit über eine Million Mitglieder dem in fast einhundertjähriger Tradition gewachsenen konkurrenzlosen Service des ADAC. Ob Pannenhilfe der „Gelben Engel" oder TourSets, technische Betreuung, juristische Beratung und Unfallservice – der Club ist rund um die Uhr über die Telefonservice-Zentrale sowie Internet und E-mail erreichbar. Für den persönlichen Kontakt servicebereit: sechs Geschäftsstellen und zwei ADAC-Reisebüros.

Geschäftsstellen
des ADAC Berlin-Brandenburg e. V. in Berlin:

ADAC Hauptgeschäftsstelle im ADAC-Haus
Bundesallee 29/30, 10717 Berlin
Telefon. (030) 86 86-0 und 0180 5 10 11 12*
Fax. (030) 86 86-811 oder 0180 5 30 29 28*

Geschäftsstelle am Gendarmenmarkt:
Taubenstr. 20–22
10117 Berlin
Telefon: (030) 86 86-0 und 0180 5 10 11 12*
Fax: (030) 86 86-811 oder 0180 5 30 29 28*

Geschäftsstellen im Land Brandenburg:

Telefon: 0180 5 10 11 12*
Fax: 0180 5 30 29 28*

Geschäftsstelle Potsdam:
Jägerallee 16
14469 Potsdam

Geschäftsstelle Senftenberg:
Am Neumarkt 6
01968 Senftenberg

Geschäftsstelle Brandenburg/Havel:
Ritterstraße 102
14770 Brandenburg

Geschäftsstelle Frankfurt (Oder):
An der Autobahn 3
15236 Frankfurt (Oder)

Öffnungszeiten aller Geschäftsstellen:

Montag bis Freitag 9.00–18.00 Uhr

ADAC Reisebüros der Sport und Dienstleistungsgesellschaft mbH:

Bilderbogenpassage
16816 Neuruppin
Telefon: (03391) 65 56 51
Fax: (03391) 65 56 52

Schloßkirchstraße 1
03046 Cottbus
Telefon: (0355) 3 83 06 04
Fax: (0355) 3 83 06 05
jeweils Montag bis Freitag 9.00–18.00 Uhr

Mobile Geschäftsstellen im Land Brandenburg:

Wittstock
ARAL-Tankstelle
Pritzwalker Straße

Prenzlau
Uni-Center
Georg-Dreke-Ring

Wittenberge
ARAL-Tankstelle
Lenzener Straße 38–40

ADAC-Pannenhilfezentrale
Telefon: 0180 2 22 22 22**

ADAC-Telefonservice-Zentrale
Telefon: (030) 86 86-0 und 0180 5 10 11 12*
An allen Tagen des Jahres rund um die Uhr.
* DM 0,24/Minute ** DM 0,12/Anruf

E-mail: adac-service@bbr.adac.de
Internet: www.adac.de